Instituições Políticas Democráticas

Olavo Brasil de Lima Júnior

Instituições Políticas Democráticas

O segredo da legitimidade

Jorge Zahar Editor
Rio de Janeiro

1997

Direitos para esta edição contratados com:
Jorge Zahar Editor Ltda.
rua México 31 sobreloja
20031-144 Rio de Janeiro, RJ
tel: (021) 240-0226 / fax: (021) 262-5123

Capa: Carol Sá

CIP-Brasil. Catalogação-na-fonte
Sindicato Nacional dos Editores de Livros, RJ.

Lima Júnior, Olavo Brasil de
L711i Instituições políticas democráticas: o segredo da legitimidade / Olavo Brasil. — Rio de Janeiro: Jorge Zahar Ed., 1997.

Inclui bigliografia
ISBN 85-7110-413-1

1. Democracia. 2. Legitimidade governamental. I. Título.

97-1104 CDD - 321.8
CDU - 321-65

Lembremos então, em primeiro lugar, que as instituições políticas são obra dos homens (embora vez por outra se ignore a proposição), devendo a origem e a existência inteira à vontade humana. Não acordaram os homens em manhã de estio para com elas deparar completas. Nem se assemelham às árvores que, uma vez plantadas, estão sempre a crescer enquanto os homens "estão a dormir". Em qualquer estado de existência são o que são pela atuação voluntária do homem.

JOHN STUART MILL

Quando um povo começa a modificar as condições de elegibilidade, pode-se prever que chegará, dentro de um prazo mais ou menos longo, a fazê-las desaparecer completamente. É essa uma das regras mais invariáveis que regem uma sociedade. À medida em que se deslocam os limites dos direitos eleitorais, sente-se a necessidade de deslocá-los mais; pois, a cada nova concessão, as forças da democracia aumentam e as suas exigências crescem com o seu novo poder.

ALEXIS DE TOCQUEVILLE

Parece que a esperança por uma sociedade e por um sistema de governo mais participativos veio para ficar... Nossa preocupação aqui é apenas com a possibilidade de um sistema de governo mais participativo para as nações democráticas ocidentais liberais. Pode o governo liberal-democrático ser mais participativo e, se pode, de que maneira?

CRAWFORD B. MACPHERSON

... as dificuldades do mundo moderno não serão resolvidas pelo abandono da política, mas tão-somente pela transformação da política de forma tal que nos habilite a dar forma e a organizar a vida humana de maneira mais efetiva. Não temos a opção pela não-política.

DAVID HELD

Não existe uma ciência das instituições, no sentido epistemológico tradicional, capaz de antecipar com segurança absoluta o funcionamento e os efeitos, a médio e a longo prazo, de um sistema eleitoral específico, de um sistema particular de governo, de uma estrutura — unitária ou federativa — de Estado, ou da organização — unicameral ou bicameral — do Poder Legislativo, sobre o sistema político em particular e sobre o conjunto da sociedade.

JOSÉ GIUSTI TAVARES

Lembremos então, em primeiro lugar, que as instituições políticas são obra dos homens (embora vez por outra se ignore a proposição), devendo a origem e a existência inteira à vontade humana. Não acordaram os homens em manhã de estio para com elas deparar completas. Nem se assemelham às árvores que, uma vez plantadas, estão sempre a crescer enquanto os homens "estão a dormir". Em qualquer estado de existência são o que são pela atuação voluntária do homem.

JOHN STUART MILL

Quando um povo começa a modificar as condições de elegibilidade, pode-se prever que chegará, dentro de um prazo mais ou menos longo, a fazê-las desaparecer completamente. É essa uma das regras mais invariáveis que regem uma sociedade. À medida em que se deslocam os limites dos direitos eleitorais, sente-se a necessidade de deslocá-los mais; pois, a cada nova concessão, as forças da democracia aumentam e as suas exigências crescem com o seu novo poder.

ALEXIS DE TOCQUEVILLE

Parece que a esperança por uma sociedade e por um sistema de governo mais participativos veio para ficar. Nossa preocupação aqui é apenas com a possibilidade de um sistema de governo mais participativo para as nações democráticas ocidentais liberais. Pode o governo liberal-democrático ser mais participativo e, se pode, de que maneira?

CRAWFORD B. MACPHERSON

... as dificuldades do mundo moderno não serão resolvidas pelo abandono da política, mas tão-somente pela transformação da política de forma tal que nos habilite a dar forma e a organizar a vida humana de maneira mais efetiva. Não temos a opção pela não-política.

DAVID HELD

Não existe uma ciência das instituições, no sentido epistemológico tradicional, capaz de antecipar com segurança absoluta o funcionamento e os efeitos, a médio e a longo prazo, de um sistema eleitoral específico, de um sistema particular de governo, de uma estrutura — unitária ou federativa — de Estado, ou da organização — unicameral ou bicameral — do Poder Legislativo, sobre o sistema político em particular e sobre o conjunto da sociedade.

JOSÉ GIUSTI TAVARES

Sumário

Prefácio

Para o leitor desavisado, o presente volume revela um autor que combina de forma equilibrada filosofia política, análise institucional e os fundamentos da moderna teoria democrática. Para o estudante de ciência política, especialmente o interessado no debate acerca do sistema político brasileiro, a leitura parecerá surpreendente. E isto porque o acompanhamento superficial da obra de Olavo Brasil indica sua preocupação permanente com o aperfeiçoamento de nossa legislação eleitoral, preocupação apoiada em instrumentos sofisticados da ciência política contemporânea, como índices de fragmentação, volatilidade, desproporcionalidade, número de partidos efetivos... Pouca ou nenhuma referência, nesse sentido, costuma ser feita aos problemas clássicos da teoria política, vale dizer, emergência da ordem, fundamentos da soberania e critérios de legitimidade.

O atual volume surpreende o leitor especializado, portanto, porque manifesta faceta até então encoberta de nosso autor: a de um pensador político que procura relacionar as grandes e eternas questões atinentes à convivência humana em sociedade com os problemas institucionais realmente vividos por seus compatriotas. Não tenho dúvidas em afirmar que *Instituições políticas democráticas* surpreende positivamente. Vejamos a proposta básica do livro.

No primeiro capítulo, coloca-se o problema fundamental para o autor: a delimitação das atribuições do Poder Legislativo na ordem política legítima. De imediato, a observação de que se trata de temática pouco considerada no pensamento político — clássico, moderno, ou contemporâneo, quer de persuasão liberal, quer de extração socialista. Olavo Brasil mergulha nas questões da participação e representação política, buscando pistas para uma eventual resposta. Adentramos os capítulos II e III.

No segundo capítulo, Olavo Brasil apresenta resenha da literatura sobre a natureza e o conteúdo da representação no contexto da reflexão política desde fins do século XVIII até nossos dias. Nesse mesmo capítulo, o autor define as proposições de teor normativo, responsáveis pela avaliação do maior ou menor grau democrático dos diversos tipos de representação. A partir desse instante, também, vemos se insinuar a fundamentação teórica mais íntima da militância institucional de Olavo Brasil, cujo cerne reside em sua defesa da representação proporcional e do sistema presidencialista de governo.

E é justamente isto que observamos no terceiro capítulo: os fundamentos teóricos e normativos do sistema eleitoral proporcional. Após excelente tratamento da literatura, Olavo Brasil começa a se movimentar naquilo em que se notabilizou em tantos outros momentos: a discussão dos efeitos políticos da escolha pelos diversos sistemas eleitorais. Com a diferença de que, em *Instituições políticas democráticas*, o debate não é apoiado em tabelas, índices e números, mas sim por Thomas Hobbes, John Locke, Jean-Jacques Rousseau, Edmund Burke, John Stuart Mill, e José de Alencar. A defesa do proporcionalismo, nesse contexto, pode parecer menos rigorosa, mas é definitivamente mais apaixonada e, por conseguinte, mais persuasiva.

No quarto capítulo, como anteriormente mencionado, o sistema de governo entra em pauta. Inicialmente, o cuidadoso exame crítico da literatura que trata das relações entre presidencialismo ou parlamentarismo, de um lado, e, de outro, o desempenho do governo, mais ou menos eficaz no tratamento das questões socioeconômicas fundamentais da ordem contemporânea. A conclusão é peremptória: os estudos existentes não autorizam qualquer vínculo, quer de natureza lógico-dedutiva, quer de verificação indutiva, entre sistema de governo e desempenho. Do ponto de vista do autor apenas uma certeza: o presidencialismo atende às premissas teórico-normativas estabelecidas nos capítulos II e III.

No quinto e último capítulo, as recomendações de reforma. Coerente com sua militância institucional e visão acadêmica rigorosa, Olavo Brasil sugere, com a generosidade de costume, modificações institucionais necessárias para que o sistema político brasileiro continue avançando em direção ao ideal democrático.

Por tudo isso, *Instituições políticas democráticas* pode surpreender àqueles estudantes e analistas acostumados a um Olavo Brasil de índices, números e tabelas. Não surpreenderá, todavia, seus alunos, eternos aprendizes de quem, com toda certeza, já faz parte, juntamente com José de Alencar, Assis Brasil, Vitor Nunes Leal e alguns poucos contemporâneos, da importante tradição de pensamento político e construção institucional no Brasil.

FABIANO MENDES SANTOS

I. Trajetórias e dilemas da democracia

Segundo Jean-Jacques Rousseau, embora a soberania não se origine no povo, ela deve permanecer com ele, não devendo ser transferida ou alienada. Não há, portanto, espaço para a representação política; cabe a todos os cidadãos, em assembléia, exercerem o poder de legislar, e ao príncipe — ou governo — cabe, apenas, executar a vontade geral.[1]

Já um autor contemporâneo, Klaus von Beyme, entende que:

> Os Parlamentos contribuíram para a modernização dos países europeus de diversas maneiras, e algumas vezes indiretamente, seja fortalecendo o governo; criando uma burocracia hierárquica; fortalecendo os princípios da discussão racional e de procedimentos formais; ou integrando a sociedade através da representação nacional e de suas funções de comunicação.[2]

Também Roberto Campos situa-se em vertente interpretativa que atribui ao Parlamento, ao Legislativo, função meramente auxiliar. Embora reconheça a instituição "como uma rudimentar condição de governo civilizado", entende que "em todo o mundo, parece que o papel do Legislativo está sendo reconsiderado e que está em marcha uma tendência clara de fortalecimento do Poder Executivo".[3]

No entanto, "os Parlamentos são insubstituíveis em várias de suas funções tradicionais: agências para recrutamento de líderes políticos e para a proteção de direitos humanos, intermediação entre a clientela e a burocracia ou tecnocracia, legitimação do sistema político, fórum de debates nacionais. Mais discutível é sua função integrativa."[4]

Os custos associados à manutenção do Parlamento podem ser, ainda segundo Campos, substanciais: "resistência à mudança social, tendenciosidade inflacionista, impulsos distributivistas detrimentais à acumulação de capitais".[5]

Esse quadro de atuação perversa não pode ser generalizado, mas, sobretudo na experiência política brasileira recente, possui inegável apelo: vários autores têm destacado a atuação do Legislativo brasileiro como sendo perniciosa ao desenvolvimento.[6]

As questões que as citações ensejam têm a ver diretamente com o papel do Legislativo em uma *pólis* que se pretende democrática, e se situam em dois eixos analiticamente distintos: questiona-se a razão de ser da representação política como mecanismo para instituir o Poder Legislativo, o governo em geral. A posição rousseauniana é, aqui, exemplar: não admite a separação entre Estado e sociedade civil. Aceitando-se a premissa de que a representação é a condição possível do governo democrático e admitindo-se, neste caso, a impossibilidade do autogoverno, discutem-se as atribuições do Poder Legislativo. Um segundo eixo analítico parece residir na própria relação entre os poderes públicos no que se refere à iniciativa legal — atributo caro aos clássicos liberais — ou ao papel secundário exercido pelo Legislativo: fórum de discussão, mecanismo de integração nacional, entre outros.

A intenção que me move é refletir mais atentamente sobre as origens da crise associada ao sistema de representação e, mais especificamente, sobre o papel atribuído ao Legislativo no pensamento político. Entendo que a origem dessa crise liga-se à insuficiência com que historicamente a teoria política tem lidado com o problema, sobretudo com a definição das atribuições do Legislativo. Enquanto o pensamento contemporâneo encara com ceticismo o desempenho parlamentar, a complexidade dos sistemas políticos vem apontando para a necessidade de criação, no mínimo, de mecanismos adicionais de participação como complemento às atividades associadas à democracia representativa. Há vertentes, inclusive, que normativamente propõem o experimentalismo institucional como forma de superação dos problemas criados pela e na democracia representativa, recomendando a adoção de formas de exercício direto do poder.

Indefinição conceitual e ceticismo me parecem permanentemente associados à reflexão política em torno do binômio Legislativo-democracia. Antes de rever a tradição teórica mais diretamente vinculada a essas questões, cabe precisar, com Austin Ranney, uma concepção de Legislativo que, por si só, advirto, é indicativa dos dois elementos antes mencionados. Este autor, baseando-se no verbete "Legislatures", de Halph K. Huitt, da *International Encyclopedia of the Social Sciences*, atribui ao Legislativo as seguintes características:

- é uma assembléia organizada com um número relativamente grande de membros;

- cada membro é legalmente equiparado a todos os outros elementos;
- uma de suas principais atividades oficiais consiste em fazer leis, embora não tenha o seu monopólio nem se limite a legislar;
- à assembléia é formalmente atribuído certo poder independente, não sendo oficialmente considerada como agente de qualquer instituição governamental.[7]

1. A construção da democracia representativa

David Held, em trabalho marcado por revisão cuidadosa do pensamento democrático, identifica nove modelos de democracia.[8] Aceitando sua classificação das concepções democráticas básicas, trato a seguir de verificar, na tradição liberal, a forma pela qual o Legislativo foi pensado. De saída, deixo de lado a concepção de democracia direta, quer na vertente grega e de algumas cidades-Estado da Antigüidade, quer nas vertentes radicais, rousseauniana e marxista, que têm em comum a negação da separação entre Estado e sociedade.

Em Locke, e também em Montesquieu, a democracia é concebida essencialmente como presença da soberania popular e capacidade do povo para legislar; o Legislativo é decorrência da impossibilidade do exercício direto da democracia.

A formação do Estado — e o consentimento ativo do povo só é crucial neste momento — não implica, para Locke, a transferência automática dos direitos do cidadão para o Estado, uma vez que o direito de legislar e a garantia do cumprimento da lei ficam condicionados à manutenção da vida, da liberdade e da propriedade. O Legislativo aprova as leis como agente do povo e de acordo com a lei da natureza. A concepção lockeana de governo (e de sociedade civil) aponta muito claramente para o que Held, e antes dele Macpherson, chama de "democracia protetiva": trata-se de proteger o cidadão da ingerência indevida do Estado.[9]

Montesquieu atribui ao povo poderes semelhantes, admitindo que em Estados grandes o exercício direto do poder é impossível: o homem, que em um Estado livre deveria governar a si mesmo, deve fazê-lo por intermédio de seus representantes.

> Num Estado, isto é, numa sociedade em que há leis, a liberdade não pode consistir senão em poder fazer o que se deve querer e em não ser constrangido a fazer o

> que não se deve desejar (...). A liberdade é o direito de poder fazer tudo o que as leis permitem; se um cidadão pudesse fazer tudo o que elas proíbem, não teria mais liberdade, porque os outros teriam também tal poder.[10]

O apologista da doutrina da separação dos Poderes, única forma de garantir que o governo virtuoso viesse a depender menos de indivíduos heróicos ou da disciplina cívica, e mais de um sistema de freios e contrapesos, não chegou, no entanto — embora apontasse com freqüência os perigos para a liberdade advindos da não separação dos mesmos — a formular com clareza as competências do Executivo e do Legislativo, o que torna tal separação problemática.

Ao solucionar o dilema da relação Estado-sociedade civil, acaba por resolvê-lo em favor do legislador que, de fato, não é responsável perante o povo. Suspeito que em Montesquieu — e de resto em outros autores — a idéia de separação de Poderes implica mais em autonomia de um Poder em face dos demais do que em efetiva e clara definição de atribuições e responsabilidades, o que torna, no mínimo, ambígua a relação entre Executivo e Legislativo. Não se trata de discutir e precisar esta relação, mas sim de negá-la, através da autonomia atribuída a cada Poder. No capítulo XX de *O espírito das leis* há uma referência esplêndida que, creio, ilustra a ambigüidade a que aludi anteriormente:

> Desejaria verificar, em todos os governos moderados que conhecemos, qual é a distribuição dos três Poderes e daí calcular os graus de liberdade de que cada um pode fruir. Mas nem sempre se deve tudo fazer a ponto de nada deixar a cargo do leitor. Não se trata de fazer ler, mas de fazer pensar.[11]

Eis aí um claro fator de indefinição conceitual no que se refere ao elemento central da democracia: a distribuição de poderes entre os órgãos constituídos. Será a atribuição dos poderes um problema empírico ou, antes, é o requisito de autonomia dos Poderes constituídos que impede a fixação de atribuições?

Os fundadores da república democrática norte-americana, nos *Federalist Papers*, reafirmam categoricamente a concepção de democracia fundada na soberania popular:

> Considero o povo que constitui a sociedade ou nação como a fonte mesma de toda autoridade nesta nação.[12]

> Sua vontade, declarada através de seu próprio órgão, é válida até que seja revogada, pela vontade igualmente declarada através de seu próprio órgão.[13]

Jefferson afirma, ainda, que o "organismo da nação" se constitui no Legislativo e no Judiciário soberanos. A execução das leis é mais importante que sua elaboração, porém é melhor ter o povo em todos os três departamentos, embora seu papel seja menor no Judiciário: neste departamento — salvo em questões controvertidas quando se convoca o júri popular — o critério eletivo é substituído pelo da ciência. Soberania, participação popular e separação dos Poderes constituem-se os pilares centrais do pensamento dos federalistas.

Tal como Jefferson, também Hamilton Madison e Jay defendem a separação dos Poderes, mas sem explicitar as atribuições próprias do Legislativo, embora haja inúmeros textos voltados especificamente para o exame da separação dos Poderes.[14]

A apologia desse sistema político e da própria sociedade americana vem a ser feita no século XIX não por um norte-americano, mas por um conhecido nobre francês, Alexis de Tocqueville, que também indica os dilemas a que estaria sujeita a primeira democracia do mundo contemporâneo. Embora o autor tenha reconhecido nos Estados Unidos a plena vigência do princípio da soberania popular, consagrado pelos costumes e pela lei e estendendo-se com plena liberdade e sem nenhum obstáculo, o arguto observador, ao analisar o arcabouço institucional e sua prática na jovem república democrática, não se detém na análise das atribuições ou do funcionamento do Poder Legislativo; ressalta, apenas, as semelhanças existentes entre as duas Câmaras de que se compõe o Legislativo, preocupado tão-somente com os princípios da confederação, da representação da nação e da representação popular.[15]

Creio que, entre os clássicos, John Stuart Mill foi o único autor a conferir em sua obra papel de destaque ao Legislativo, discutindo e tratando de delimitar suas funções. Sua concepção sobre as atribuições dos representantes do povo enquanto "órgão", "assembléia" ou "parlamento" se baseia na especificidade do Legislativo como fórum central para articular vontades e demandas, mas sobretudo voltado para a discussão, a crítica e a fiscalização da ação governamental propriamente dita, atribuída ao Executivo. Mesmo na condição de órgão legislativo — sem, no entanto, exercer a iniciativa legal — deveria ter apenas o poder de veto e, em caso de decisão legal, agir mediante comissões de notáveis.

Esta concepção — restrita na visão de alguns, porém ampliada no contexto do pensamento "clássico" — se baseava, certamente, na convicção, profunda e bem fundamentada, de que "a forma de governo idealmente melhor é aquela em que a soberania ou o poder controlador supremo em última instância se encontra investido no agregado inteiro da comunidade, tendo cada cidadão não só voz no exercício dessa soberania extrema, mas sendo chamado, pelo menos acidentalmente, a tomar parte real no governo, pelo desempenho de alguma função pública, local ou geral".[16]

Defensor ardoroso da democracia representativa, Mill estabeleceu como seus fundamentos, de um lado, o princípio de que os direitos e interesses de todos e de cada um só se encontram garantidos quando o interessado está disposto a sustentá-los e se dispõe a fazê-lo, e de outro, claramente relacionando fins e meios democráticos, de que a prosperidade geral será tanto maior quanto maiores forem o "volume e a variedade das energias individuais interessadas em promovê-la".[17]

Não haveria assim, em Mill, a imposição de limites à participação que, generalizada e ampliada, é condição da democracia. Embora reconhecendo que o sentido do governo representativo consiste em que o povo exerça, por meio de representantes regularmente eleitos, o poder controlador extremo, Mill possui uma visão restritiva do conjunto de atribuições do Parlamento ou, melhor dito, da assembléia de representantes do povo. Dificilmente poderíamos entender este órgão como sendo legislativo. Segundo o autor, as responsabilidades do corpo representativo da soberania popular são, em resumo, as seguintes:[18]

- cabe-lhe controlar a atividade do governo, mas não realizá-la;
- corpos representativos numerosos não devem administrar;
- não deve decidir, mas deve cuidar para que quem decida sejam as pessoas mais capazes de fazê-lo;
- não deve sequer nomear os membros do governo: "Já é bastante que decida virtualmente qual deve ser o primeiro-ministro, ou, dentre dois ou três, qual deve ser escolhido para esse cargo."[19]
- uma associação numerosa se revela pouco conveniente para a atividade direta de legislação; se há decisão legal a ser tomada, que isto ocorra em comissões menores;
- a função própria não é governar, e sim, "vigiar e controlar"[20] o governo;
- deve constituir-se em "Comissão de Agravo" da nação e em "Congresso de Opiniões".[21]

De fato, Mill não se limita apenas a restringir as atribuições do Parlamento; o próprio sistema eleitoral — mais precisamente, a idéia de "cada cabeça, um voto" — não só tem tratamento diferenciado em sua obra, como acaba por sofrer limitações de tal ordem que o sufrágio universal se transforma apenas em princípio desejável. Isto porque o autor temia que, no agregado, a máxima de "cada cabeça, um voto" implicasse a supremacia virtual dos trabalhadores — dada sua condição de maioria —, o que o leva a defender não só o voto plural, mas também as exclusões: dos pobres dependentes do poder público, daqueles que não pagassem impostos diretos, dos analfabetos.[22]

2. Racionalidade, burocracia e elitismo

Na primeira metade deste século — caracterizada pelo fenômeno das grandes organizações nas áreas econômica, política e sindical —, Max Weber, em escritos acentuadamente críticos da política de massas que veio a caracterizar a vida contemporânea, decreta o fim da política parlamentar. A extensão do sufrágio e o desenvolvimento dos partidos teriam minado a concepção clássica de Parlamento, onde a política nacional seria estabelecida mediante a reflexão racional guiada pelo interesse público. E é precisamente o avanço da burocracia o responsável pelo esvaziamento do Parlamento, pois "a razão decisiva para o avanço da organização burocrática tem sido sempre sua superioridade técnica sobre qualquer outra forma de organização".[23]

Deparamo-nos, assim, com uma constatação vigorosamente oposta ao prognóstico otimista de Mill, que é baseado na expectativa de que, com a redução progressiva das inelegibilidades, as forças da democracia só tenderiam a aumentar; no entanto, a visão de Weber é consistente com o temor declarado de Mill pelos grandes números — sobretudo no contexto da assembléia de representantes da soberania popular —, que o levou a circunscrever as atribuições deste órgão, essencialmente a de constituir-se em fórum de debates e em *locus* privilegiado de fiscalização da ação governamental. Von Beyme e Roberto Campos, a quem me referi na introdução, não destoam dessa concepção — dominante, eu diria —, que valoriza a assembléia do povo enquanto representação, mecanismo substitutivo do exercício direto do poder, mas a ela não atribuem competência de governo, a não ser tópica e esporadicamente, e, mesmo assim, reduzindo-se significativamente o número de decisões para, supostamente, melhorar a qualidade da mesma.

O argumento weberiano tem origem em dois processos, ambos responsáveis pela não realização do ideal clássico do Parlamento como fórum privilegiado de reflexão racional guiada pelo interesse público. De um lado, situa-se a extensão do sufrágio e o desenvolvimento da vida partidária — discussão que é aprofundada no ensaio "A política como vocação"[24]; vale dizer, a democracia de massa impede a expressão da racionalidade na assembléia de representantes. De outro, a burocratização, que se instala por conta de sua superioridade técnica sobre outras formas organizativas e é avessa à democracia, pois o burocrata não é responsável perante a população.

A concepção de vida social de Weber, de resto, deixa pouco espaço para a participação democrática e para o desenvolvimento do indivíduo e da coletividade, pois estes estariam submetidos a poderosas forças sociais que caracterizam o capitalismo contemporâneo: o conflito de classes, o caráter racionalizado da produção capitalista e a expansão da burocracia.

A democracia, por conta do modo particular de organização do partido moderno, voltado para a organização e mobilização da comunidade — enquanto burocracia —, deixou de ser a base para o desenvolvimento potencial dos indivíduos e transformou-se em método para assegurar a liderança política nacional efetiva. Transformou-se em democracia plebiscitária e de liderança: plebiscitária, porque as eleições não mais se distingüem de moções de confiança; de liderança, porque o que está em jogo é a confiança em líderes. Esse desenvolvimento, que tem como motor a extensão progressiva do sufrágio e a organização dos partidos de massa, levou à erosão do Parlamento como centro de debate e de decisão.

Joseph Schumpeter, no clássico *Capitalism, Socialism and Democracy*, originalmente publicado em 1942, exacerba várias das idéias correntes nesta primeira metade do século, particularmente certos conceitos weberianos, entre os quais a radicalização da noção de democracia como método, e só método, destituindo-a de qualquer atributo finalístico:

> Democracia não significa e não pode significar que o povo governe em qualquer dos sentidos óbvios de "povo" e de "governo". Democracia significa apenas que o povo tem a oportunidade de aceitar ou recusar aqueles que devem governá-lo (...) Assim um aspecto disto pode ser expresso dizendo-se que a democracia é o governo dos políticos.[25]

É extremamente negativa a versão schumpeteriana do eleitorado: ele é fraco, sujeito a impulsos emocionais, incapaz intelectualmente de agir por conta própria e altamente suscetível a influências externas. Por isso, a participação excessiva produziria a mobilização do *demos* com conseqüências negativas; o envolvimento político deve ser mínimo, o suficiente apenas para possibilitar a competição interelites.

A preocupação com o excesso de participação política caracteriza também o clássico *Political Order in Changing Societies*, de Samuel P. Huntington, segundo o qual, sob certas condições, essa participação é fonte de instabilidade e, virtualmente, de decadência política. Vejamos:

> A estabilidade de uma sociedade política depende da relação entre o nível de participação e o nível de institucionalização política. O nível de institucionalização política em uma sociedade com um baixo nível de participação política pode ser bem mais baixo do que ele é em uma sociedade com um nível mais alto de participação, e, mesmo assim, a sociedade com níveis mais baixos de ambos pode ser mais estável do que a sociedade que possui o nível mais alto de institucionalização e um nível de participação ainda mais alto. A estabilidade política, como argumentamos, depende da razão entre institucionalização e participação.[26]

Segundo o autor, é por intermédio da participação política que se expressa a frustração social quando são canalizadas para o governo as demandas advindas da sociedade. O "atraso" do país não permite a expressão das demandas através de canais legítimos que as moderem e agreguem, e a conseqüência é a instabilidade política que, em países com baixo grau de institucionalização, emerge sob a forma de intervenção militar.

A sociedade de massas caracterizada pela plena mobilização política — em que pese a expansão do sufrágio, a emergência dos partidos modernos e a participação política em geral — é responsável, segundo considerável número de autores contemporâneos, entre eles Weber, Schumpeter e Huntington, aqui revisados, pelos descaminhos que a democracia representativa tem trilhado. Esses descaminhos significam tanto o desvirtuamento da instituição legislativa — e até mesmo sua virtual ineficiência — quanto a instabilidade política. A causa de todos os males criados pela e na democracia de massas é, como se viu, a participação política generalizada, sobretudo se e quando institucionalizada pelos mecanismos essenciais de representação política, partidos e eleições. Nesse contexto, é claro, não há o que teorizar sobre as atribuições e o funcionamento do Poder Legislativo. Cabe tão-somente apontar para as mazelas da democracia de massas.

3. A crítica às democracias contemporâneas, o corporativismo e o estado de bem-estar social

O funcionamento inadequado das democracias representativas liberais, aí incluído também o estado de bem-estar social, por conta de seu caráter igualmente não democrático, é salientado pela vertente marxista. A questão central se refere ao papel do Estado, e a prescrição normativa consiste, no mínimo, em ampliar as formas de participação política e, no limite, em alterar estruturalmente a sociedade.

Ralph Miliband afigura-se como a fonte de inspiração da crítica neomarxista.[27] Contesta a neutralidade do Estado nas sociedades ocidentais contemporâneas, acentuando o controle de classe dos meios de produção, as conexões fortes da classe dominante com todo o aparato institucional e sua representação ampliada, desproporcional, em todas as posições de comando. Três anos após a publicação do livro *The State in Capitalist Societies*, Nicos Poulantzas recoloca a questão enfatizando os elementos estruturais do Estado que o levariam a, permanentemente, proteger a produção capitalista. O papel do Estado, em resumo, consistiria em promover a organização da classe trabalhadora, sendo, simultaneamente, produto do conflito social e agente de sua reprodução.[28]

Mais recentemente, Claus Offe vem discordar de ambas as interpretações: o Estado não é apenas um Estado em uma sociedade capitalista, nem um Estado capitalista. A separação institucional entre Estado e economia significa, para Offe, que o primeiro depende do fluxo de recursos gerados pela produção lucrativa. O poder político é determinado de duas formas: pelas regras formais do governo democrático e representativo que, segundo o autor, estabelecem o "acesso" ao poder, e pelo conteúdo material do processo de acumulação que estabelece seus "limites".[29]

Carole Pateman critica principalmente a perda dos ideais democráticos clássicos, sobretudo a igualdade, que se reduz à igualdade perante a lei: se a presença do cidadão na política se faz sentir apenas através do ato eleitoral e a participação se faz presente apenas na escolha do representante, a influência do cidadão na política é mínima.[30]

Um número razoável de analistas contribui de forma bastante relevante para a compreensão do funcionamento das democracias contemporâneas. Centrando-se nos arranjos institucionais existentes, mostram, e simultaneamente explicam, o aparente declínio da relevância do Parlamento e da política partidária, de forma, creio, próxima à interpretação weberiana; não apresentam, contudo, o viés elitista da descrença de Weber em face da democracia de massas. São os autores que se dedicaram à análise do corporativismo, que, segundo Phillippe Schmitter, é

> (...) um sistema de representação de interesses no qual as unidades constitutivas são organizadas em um número limitado de categorias singulares, compulsórias, hierarquicamente ordenadas e funcionalmente diferenciadas, reorganizadas ou licenciadas (se não criadas) pelo Estado a que é garantido o monopólio deliberado da representação dentro de suas respectivas categorias, em troca da observação de certos controles na seleção dos líderes e na articulação de demandas e de apoio.[31]

O arranjo corporativista — de natureza tripartite, empregador, empregado e Estado — é estratégia institucional para a obtenção de apoio e legitimidade. Sob o risco de simplificação excessiva, pode-se dizer que os autores que têm lidado com o corporativismo chamam a atenção para o surgimento de uma estrutura paralela de representação, de natureza funcional, que afeta negativamente o funcionamento da representação parlamentar-territorial.[32] O corporativismo é, assim, visto como uma estratégia governamental para resolver problemas econômicos e para mediar demandas crescentes e incompatíveis. Não se trata apenas da burocratização do Estado, como apontava Weber, nem da crescente incapacidade do Estado para lidar com demandas crescentes resultantes do excesso de participação, gerando instabilidade, como salientou Huntington; trata-se, sim, de uma diversificação institucional dos mecanismos de representação; embora em detrimento da representação parlamentar-territorial, essa resposta amplia os canais e as formas de participação política.

Porém, a resposta corporativista aos desafios postos pela democracia de massas não está imune à crítica, sequer quando associada ao estado de bem-estar social, que também tem sido atacado à esquerda e à direita por sua natureza pouco democrática. A crítica ao estado de bem-estar social gira em torno de duas questões centrais: para alguns o Estado — e aqui o diagnóstico huntingtoniano é exacerbado — se encontra "sobrecarregado" (*overloaded*); para outros, depara-se com uma crise de "legitimidade".[33]

Nos anos 50 e 60, a democracia ocidental viveu seus melhores momentos: crença nas instituições, estabilidade política e crescimento econômico. A partir dos anos 70, no entanto, uma série de transformações veio perturbar a ordem política e econômica: ao mesmo tempo em que se postulava o fim da ideologia e a redução da saliência da classe social do ponto de vista político-partidário — em decorrência dos altos níveis de afluência econômica —, ocorria o recrudescimento dos movimentos sociais, centrados, sobretudo, nas temáticas de gênero, ambientalismo, pacifismo e direitos humanos.

À crise fiscal do Estado seguiu-se uma profunda reestruturação econômica, gerando não só uma sociedade pós-industrial que implicou o deslocamento do processo de acumulação do setor industrial para o setor terciário, mas também, com freqüência, uma desindustrialização, alterações importantes na distribuição de mão-de-obra pelos setores econômicos e, ademais, mudanças significativas no plano cultural-ideológico. Não sem custos, evidentemente: o desemprego e a inflação são reincorporados ao cotidiano das nações avançadas.

É nesse contexto de uma verdadeira segunda revolução industrial que a democracia e o Estado continuam a ocupar o centro dos debates: natureza e possibilidades do Estado e da democracia; novas formas de participação; democracia como método, apenas; democracia como meio e fim. São estas questões que marcam o debate sobre as relações entre sociedade e Estado. Dois conceitos permitem, conforme assinalei anteriormente, organizar a discussão contemporânea: "Estado sobrecarregado" e "crise de legitimidade".

Segundo os pluralistas,[34] a crise do estado de bem-estar deve-se à sobrecarga da agenda governamental: a fragmentação do poder existente na sociedade, aliada ao sucesso econômico e à prosperidade dos anos pós-guerra, levou a uma situação de expectativas crescentes. A pulverização do poder gerou pressões e tentativas dos políticos de obter ganhos no curto prazo; a resposta positiva governamental implicou a expansão burocrática do Estado e sua perda de eficiência, estabelecendo-se um círculo vicioso que acabou por criar novas demandas.[35]

Já os neomarxistas[36] enfatizam as relações de classe e os condicionamentos impostos à política pelo capital: a associação entre competição política interpartidária e os resultados políticos determinados sob fortes contradições com o funcionamento capitalista da economia sob condições favoráveis de crescimento econômico keynesiano gera instabilidade econômica. A tentativa governamental para regular a economia e garantir a ordem leva o Estado a assumir responsabilidades crescentes na esfera do bem-estar social: seguem-se a expansão governamental, a crise fiscal do Estado, a inflação e a dificuldade em estabelecer políticas racionais. Essa situação leva à perda de confiança no sistema e, simultaneamente, estimula o encaminhamento de demandas; o Estado responde de forma repressiva, criando-se um círculo vicioso.[37]

Na medida em que se aceite que sejam descrições apropriadas da realidade, ambas as posições têm um elemento em comum, independentemente das origens da crise, de sua natureza e conseqüências políticas: ele consiste, de um lado, em demandas postas via participação política e, de outro, na resposta inadequada do Estado. No entanto, tal aceitação é, no mínimo, discutível no que se refere ao grau de eficiência da resposta estatal, à perda da legitimidade e à repressão como resposta generalizada. De toda forma, pode-se apontar que parte da ineficiência da ação governamental se deve ao excesso de demandas e à inabilidade do Estado em lidar com elas em um contexto capitalista e obviamente democrático.

A discussão empreendida por Wanderley Guilherme dos Santos[38] sobre a constituição da ordem, que teria vivido seus momentos de glória entre 1850 e 1950, é elucidativa do ponto de vista das questões aqui tratadas, sobretudo no que se refere às funções da representação política no mundo contemporâneo. A participação política, segundo o autor — que cita e segue Alessandro Pizzorno[39] nesta questão —, surge como problema no momento em que há ruptura entre a posição do indivíduo na ordem social e sua posição política, "isto é, quando o lugar de alguém na *pólis* deixa de estar automaticamente assegurado pelo lugar que esse mesmo alguém ocupa no *demos*".[40]

As posições políticas passam a ser objeto de competição e demanda-se a ampliação da própria *pólis*, o que ocorre mediante um duplo processo: a sociedade política passa a ser toda a sociedade, derrubando-se as barreiras à participação; e incorpora-se à *pólis* um número cada vez maior de funções de governo, que deixam de ser monopólio de pessoas que detinham posição social de prestígio. Nesse contexto, nacionaliza-se, progressivamente, a competição via incorporação da burguesia e dos assalariados, através do sufrágio e dos partidos.

A construção da ordem, ainda segundo Santos, que conduziria às atuais democracias — poliarquias, no sentido dahlsiano — implica quatro processos: alargamento da *pólis* para fazê-la coincidir com o *demos*; alargamento da *pólis* para fazê-la coincidir com todo o governo; reestruturação do *demos* segundo os princípios capitalistas; e reestruturação do *demos* de acordo com a interação centro/periferia e os diversos atores sociais. Os partidos vieram precisamente para "expressar, organizar e efetivar a participação política (...) a partir de então, a questão da participação política confina-se ao problema da representação, detendo os partidos o duopólio ou oligopólio da oferta dessa representação."[41]

O desafio para a *pólis* contemporânea — e aqui Santos certamente se move em direção oposta àqueles que identificam a participação excessiva como um dos males da democracia representativa — consiste em repensar as relações entre *demos* e *pólis*, dado o deslocamento entre governo e *pólis* e o crescimento de fontes de geração de identidades coletivas que escapam ao controle dos partidos. Trata-se, enfim, da "decadência do oligopólio da oferta de representação e sua conversão em barreiras à participação política".[42] Sugere o autor que essa crise de participação, associada à representação, só pode ser superada pela ampliação do alcance das formas legítimas de participação.

Santos enfatiza que, no surgimento da nova ordem — derivada da ruptura entre posição social e posição política — o problema dos novos atores, burguesia e assalariados, passa a ser para uns o restabelecimento político das desigualdades sociais (grupos dominantes) e, para outros, a retificação dessas desigualdades (setor popular).[43]

Sendo assim, o desafio — se quiserem, a crise da ordem social — terá raiz dupla: a dinâmica do próprio capitalismo no que se refere às estratégias políticas diferentes dos grupos dominantes e dominados, e o deslocamento entre governo e *pólis* e o surgimento de identidades coletivas que fogem ao controle partidário. Se a nova ordem social — o mercado e a competição política — colocou a todos em igualdade inicial no mercado e na política, esta mesma ordem é geradora de desigualdades que a política competitiva não elimina, pelo simples fato de ser competitiva. De fato, é atributo essencial da democracia a indeterminação dos resultados;[44] o seu funcionamento continuado pode reintroduzir distorções no que se refere à igualdade, à distribuição dos recursos sociais e, também, à própria ação do Estado, dependente que é da organização econômica vigente.

Robert A. Dahl[45] formula três critérios para a avaliação do processo decisório: correspondência entre a decisão e a escolha pessoal; garantia de que os procedimentos adotados assegurem competência na decisão; economia de tempo, atenção e energia. Tais elementos devem ser atributos da autoridade que, assim, poderá ter sua legitimidade aferida em função da maior ou menor presença dos mesmos. Após discutir as formas de exercício da autoridade democrática, Dahl sugere quatro princípios que maximizariam os fatores acima mencionados e que, creio, se constituem em princípios democratizadores, aceitos os três critérios anteriormente formulados.

Em primeiro lugar, postula que, se a questão em pauta for tratada em uma associação democrática, é preciso garantir que isto seja feito pela menor associação possível. Em segundo lugar, se há que considerar a necessidade de que tal venha a ocorrer em uma associação maior, deve-se avaliar, neste caso, os custos extras envolvidos, inclusive a perda do poder individual. Terceiro, o critério da economia requer que a participação individual se dê no menor número possível de associações. Finalmente, considere-se que a alternativa existente à associação maior é não apenas uma associação menor, mas inclui também a autonomia da decisão, i.e., nenhuma associação.

Antes de prosseguir na exposição do autor, cabe refletir sobre os princípios acima, na medida em que eles envolvem critérios para a ampliação e democratização da própria participação. O primeiro aspecto que identifico como fundamental tem a ver com a natureza mesma da participação: é individual, mas em organizações, e deve ser seletiva. O segundo tem a ver com a natureza da organização: desde que eficiente, quanto menor, melhor.

Aceitando, com Wanderley G. dos Santos, que parte da solução da crise da ordem social contemporânea requer a criação de novas, porém legítimas, formas de participação, os princípios apontados por Dahl, na medida em que prescrevem a ampliação da participação no processo decisório em associação com critérios de "escolha pessoal" e de "economia", são extremamente úteis, pois introduzem de forma simples e direta o eterno dilema do tamanho em conexão com a construção da democracia.

Se a escolha pessoal consiste em uma maneira diferente de postular a liberdade, o fato é que daí se pode derivar que, respeitados os preceitos e critérios de Dahl, realiza-se, na prática, o princípio de igualdade, sobretudo se a solução é a "associação pequena", como prefere o autor.

No entanto, ele próprio chama a atenção para o fato de que a autoridade democrática — consubstanciada nos critérios e princípios discutidos —, isto é, o governo democrático enquanto substitutivo para o processo decisório legítimo, se depara com três verdadeiros dilemas para o exercício da democracia: a desigualdade de recursos, a Corporação — Leviatã e a Democracia — e o Leviatã.[46] Os princípios anteriormente formulados servem, sobretudo, para democratizar a grande corporação e a democracia-leviatã. No que se refere à desigualdade de recursos, obstáculo para a efetiva vigência da escolha pessoal, resta ao autor o reconhecimento de que a democracia política — a poliarquia — obteve mais sucesso que qualquer outra forma de governo, na redução substancial das desigualdades sociais e, ainda, a expectativa de que os critérios e princípios podem e devem ser aplicados ao Estado e às grandes empresas.

Nas seções 1 e 2 verifiquei que o Legislativo ocupa espaço reduzido na teoria política, na medida em que ou não lhe é atribuída centralidade no processo decisório, ou a própria democracia de massas levaria ao desvirtuamento da atividade parlamentar e legislativa.

Na seção 3, no entanto, mostrei que o pensamento contemporâneo tende a revalorizar a participação política como forma de ampliar os graus de democracia existentes. Esta revalorização certamente pressupõe a capacidade da população não só de se fazer representar adequadamente, mas, também, de participar direta ou indiretamente do próprio processo decisório. Tais pressupostos implicam, necessariamente, repensar a institucionalidade política e as demais instituições sociais e econômicas. Nesse sentido, o Legislativo, a representação política e os partidos retornam como objetos privilegiados da reflexão sobre a democracia e passam a fazer parte da agenda política democratizadora.

4. A encruzilhada democrática e as atuais formas da democracia: mais democracia

O pensamento liberal até o final do século XIX caracterizou-se, fundamentalmente, pela preocupação em construir um governo legítimo, resguardando, portanto, direitos e liberdades individuais. É nesse sentido que Held define esse conjunto de preocupações como democracia protetiva. Ainda nos oitocentos, principalmente com os utilitaristas, em que pese a forte contribuição de John Stuart Mill, o arranjo institucional visa desenvolver as potencialidades do homem. Assim, o desenvolvimento alia-se à lei e à ordem, com liberdade.

No século XX — se o entendermos como fortemente marcado pela influência weberiana — uma linha de interpretação empírica, isto é, voltada para descrever e explicar como funcionam as democracias, abre espaço para o ceticismo e a insatisfação que caracterizam grande parte do pensamento contemporâneo. Se, por um lado, os pluralistas e os adeptos da democracia representativa liberal a entendem como o melhor arranjo institucional possível, esta mesma democracia é criticada à direita e à esquerda. As motivações e os esquemas analíticos são os mais diversos; contudo, o cerne da discussão — em uma visão prospectiva — centra-se na democracia como meio ou como fim, nas atribuições e responsabilidades do Estado, na natureza do Estado e da própria sociedade e nas relações entre Estado e sociedade.

Sob o risco de reducionismo, tais posições podem ser classificadas polarmente. De um lado situam-se aqueles que exacerbam a visão de que a democracia é, e deve ser, apenas um método para se constituir governos; entendem estes, é claro, que este método é o mais adequado à sociedade contemporânea e superior a qualquer outro. Embora reconhecendo seu valor intrínseco, tacitamente postula-se que a finalidade da democracia é permitir a reprodução e a mudança com base nas forças sociais: é o primado do mercado. De outro lado, estão aqueles que, reconhecendo também o mérito superior da democracia em face de outras formas de dominação, postulam — retomando a tradição desenvolvimentista de Mill, Rousseau e Marx — a transformação do próprio Estado e da sociedade, a partir da e com a democracia real.

Pretendo, a seguir, fazer um balanço das formulações normativas recentes que buscam aprofundar, ou eventualmente restringir, o sentido da democracia. A "Nova Direita" e a "Nova Esquerda" — acompanhando a análise efetuada por Held[47] — assumem posições diferenciadas que podem ser resumidas em "lei, liberdade e democracia", requisitos básicos para a direita, e em "participação, liberdade e democracia", conceitos centrais para a esquerda.

À direita, Held atribui uma concepção de "democracia legal", cujos princípios de justificação se baseiam no princípio majoritário como método decisório capaz de proteger o indivíduo da ação governamental arbitrária, aliado à liberdade e iniciativa individuais no mercado. Preconiza-se, é claro, o mínimo de intervenção do governo na sociedade e na vida privada, o mercado livre, a prevalência da lei e do Estado constitucional.[48]

Já a "democracia participativa", apregoada pela esquerda, fundamenta-se no ideal clássico do direito de todos ao desenvolvimento e propõe uma sociedade participativa em que haja preocupação com os problemas coletivos. A sociedade deve possibilitar o aperfeiçoamento do homem para que ele possa contribuir para o processo governamental. Prescreve-se a democratização da sociedade mediante a participação direta dos indivíduos na regulação das instituições sociais, sobretudo nos locais de trabalho e nas comunidades, e a democratização das instituições políticas, inclusive propondo um sistema institucional, digamos, aberto, para possibilitar o experimentalismo institucional.

De fato, em uma e em outra concepção nada se diz diretamente sobre o Legislativo; é de se supor que, na vertente da direita — em face do Estado mínimo —, participação política e governo representativo e ativo não ocupem espaço relevante. Já na democracia participativa, propõe-se o maior envolvimento direto do cidadão nas instituições sociais e políticas, o que significa mais democracia direta e maior descentralização do processo decisório. Ainda que se admita a representação política, ela deixa de ser o mecanismo central de participação, e os partidos devem ter maior abertura à participação popular.

A que democracias está se fazendo referência, do ponto de vista da realidade contemporânea? O que reformar e ampliar, o que restringir? No mínimo, eu diria, à democracia de massas, cujo pressuposto essencial é o sufrágio universal e que se caracteriza, nos termos propostos por Robert Dahl, por um alto grau de liberalização e participação. Cabe, creio, a partir de uma concepção minimalista que entende democracia como método, examinar os elementos constitutivos da democracia real, a partir de uma perspectiva institucional, como forma primeira de examinar o papel atribuído à participação política e ao Legislativo.

Arendt Lijphart, em *As democracias contemporâneas,* elabora dois modelos básicos de democracia, o majoritário e o consensual.[49] O modelo majoritário (de Westminster) reúne nove componentes essenciais: concentração do Poder Executivo, com gabinetes de partido único e maioria estrita; fusão dos Poderes Legislativo e Executivo, com predomínio do gabinete; bicameralismo assimétrico; sistema bipartidário; sistema partidário unidimensional; sistema eleitoral de maioria relativa; governo unitário e centralizado; Constituição não-escrita e soberania parlamentar; e democracia exclusivamente representativa. Já o modelo democrático consensual apresenta características essencialmente opostas: partilha do Poder Executivo a partir de grandes coligações; separação formal e informal entre os Poderes (Legislativo e Executivo); bicameralismo equilibrado e representação das minorias; sistema multipartidário; sistema de partidos multidimensional; representação proporcional; descentralização e federalismo; e, Constituição escrita e veto das minorias.

O caráter democrático desses dois modelos, pode-se dizer, deriva essencialmente do reconhecimento tácito de que ambos são construídos com base em sociedades contemporâneas analiticamente vistas como democráticas e, ainda, do fato de que suas instituições políticas são tidas pela maior parte de sua população como legítimas. Caso se objetive comparar tais arranjos institucionais com base em seu caráter mais ou menos democrático, há que se definir critérios externos — e, portanto, diversos dos atributos essenciais que caracterizam os modelos — e integrantes do que, ainda que frouxamente, se possa entender como tradição democrática. A(s) relação (relações) entre Estado e sociedade civil ou entre o *demos* — sociedade politicamente organizada — e a *pólis* — Estado, governo — constitui o eixo central das teorias sobre a democracia.

Os processos — já mencionados — que caracterizaram a conformação da ordem social contemporânea, que teve seu apogeu entre meados do século passado e meados do século atual, segundo Wanderley Guilherme dos Santos, foram os seguintes: alargamento da *pólis* para fazê-la coincidir com o *demos*; alargamento da *pólis* para fazê-la coincidir com todo o governo; reestruturação do *demos* de acordo com o processo de divisão social do trabalho; e reestruturação do *demos* de acordo com a interação centro/periferia e os diversos atores sociais.[50]

Ora, os dois primeiros processos fornecem elementos inequívocos para a discussão sobre o teor democrático dos modelos de democracias contemporâneas elaborados por Lijphart. Ademais, permitem a derivação de critérios passíveis de orientar o aprofundamento (ou aperfeiçoamento), no mínimo do ponto de vista institucional, das democracias existentes. O alargamento da *pólis* para fazê-la coincidir com todo o *demos* e com todo o governo, enquanto princípios de organização democrática, permitem o estabelecimento de elementos de avaliação. Nesse sentido, sugiro que o teor democrático dos modelos seja comparativamente avaliado em função dos seguintes critérios: alcance da participação política, grau de representatividade das instituições de governo e distribuição do poder político institucionalizado.

A participação política tem a ver diretamente com a contribuição do eleitorado — já plenamente constituído via sufrágio universal — para a formação dos Poderes, deixando de lado o Judiciário, uma vez que em nenhum dos dois modelos a soberania incide efetivamente na composição do Poder (exceto, talvez, quanto ao instituto do júri popular).

O grau de representatividade das instituições de governo refere-se à amplitude com a qual os diversos segmentos de que se compõe o *demos*, qualquer que seja o critério utilizado (tendências ideológicas, classes sociais, clivagens socioeconômicas outras etc.), se fazem presentes nas instituições governamentais.

E, finalmente, sugiro como critério o maior ou menor grau de concentração (ou dispersão) de poder *entre* as instituições e *no* interior daquelas que integram o aparato governamental.

Do ponto de vista da participação político-eleitoral há diferenças sensíveis entre as duas formas, embora ambas tenham atingido o patamar democrático mínimo, que é o sufrágio universal, com o voto livre na esmagadora maioria dos exemplos históricos. No que se refere à oportunidade do voto ou ao número e à natureza dos cargos efetivamente em disputa — elementos que definem o âmbito da contenda eleitoral —, o desempenho relativo das duas formas é diferenciado: depende da magnitude da representação política a ser eleita (número de postos legislativos) e se há ou não eleição direta para chefe de Estado e de governo. (No caso do presidencialismo, chefe de Estado e de governo reduzem-se a uma única posição.) Desta perspectiva, a democracia consensual, por conta da adoção do princípio de representação proporcional, e o sistema de governo presidencialista — um híbrido das duas formas, de acordo com Lijphart — revelam-se mais democráticos, pois aí é maior o alcance da competição política e, conseqüentemente, a influência do eleitor é significativamente maior.

Quanto ao grau de representatividade, de novo a democracia consensual revela-se mais democrática que a majoritária, por apresentar menor grau de exclusão no processo legislativo-eleitoral, pois o princípio proporcional reflete com mais fidelidade as preferências eleitorais na composição do Legislativo do que o majoritário. Embora a proporcionalidade entre votos e cadeiras não seja perfeita, a distorção empiricamente observável é menor nas democracias consensuais. A diversidade do Legislativo corresponde à diversidade real prevalecente na sociedade; *demos* e *pólis* se assemelham.

O grau de concentração de poder é igualmente revelador das diferenças existentes, tomando-se o princípio da coextensividade entre o *demos* e a *pólis*. O elemento institucional distintivo reside, aqui, na fusão dos Poderes Legislativo e Executivo e, conseqüentemente, no menor grau de influência do eleitor na formação do governo (Executivo), associado à predominância do Poder Executivo em face do Legislativo e na composição em torno de um único partido no gabinete da democracia majoritária. De longe, a democracia consensual revela-se como mais democrática.

O fator institucional chave que, de fato, estrutura ambos os arranjos institucionais é o sistema eleitoral, ou melhor, a escolha do princípio de representação, majoritário ou proporcional, que, associado à eleição direta do chefe de Estado (e/ou de governo) definem o grau de democracia existente. Aceitos o princípio geral de coextensividade entre *demos* e *pólis* e os critérios que propus — extensão da participação político-eleitoral, representatividade das instituições de governo e grau de concentração do poder institucionalizado —, conclui-se que a democracia consensual se revela mais democrática que a democracia majoritária.

Na medida em que tais formas possuem caráter normativo, as implicações para a democratização serão óbvias, aceitos, é claro, os critérios propostos e a concepção simples de democracia que emerge da discussão feita. No entanto, tais implicações dão conta de versão ainda restrita de democracia, uma vez que incluem apenas a democratização da *pólis*, em vertente realista-comparativa, isto é, como democratizar dadas as formas existentes de democracia. Há que verificar em que medida tais princípios e critérios ensejam também o reformismo social, ou seja, como democratizar o *demos*.

A discussão que se segue apresentará, em linhas gerais, o modelo de autonomia democrática postulado por Held, com o objetivo de retomar os componentes utópicos da democracia em sentido pleno e verificar se há, aí, princípios e critérios aplicáveis ao mundo contemporâneo e que representem ganhos em democracia a partir dos três critérios de avaliação que propus e que são plausíveis para a reforma da *pólis*.

A democracia não deve ser vista apenas como método despido de conteúdo humanista, e menos ainda como método exclusivamente voltado para a seleção de lideranças encarregadas do processo decisório, até porque "as instituições políticas são obras dos homens (...) não se assemelham às árvores que, uma vez plantadas, estão sempre a crescer enquanto os homens estão a dormir". *Demos* e *pólis* são as duas faces de uma mesma moeda:

> (...) para que hoje a democracia floresça ela deve ser concebida como um fenômeno de face dupla, preocupada, por um lado, com a reforma do poder do Estado e, por outro, com a reestruturação da sociedade civil.[51]

A separação entre Estado e sociedade civil — aspecto central na teoria democrática — requer que o processo decisório não seja contaminado pelas desigualdades e condicionamentos impostos pela apropriação privada do capital, sob pena de afastar o *demos* da *pólis*.

Creio ser o momento de fixarmos princípios e critérios gerais orientadores da democratização do Estado e, por que não, também da sociedade. No que se refere à relação entre Estado e sociedade civil, o reformismo democratizante deve se guiar pelos princípios postulados por Santos que, entendo, continuam a ter validade no que se refere ao mundo contemporâneo:

- alargar a *pólis* para fazê-la coincidir com o *demos*;
- ampliar a *pólis* para fazê-la coincidir com todo o governo;
- reestruturar o *demos* de acordo com a divisão social do trabalho contemporânea;
- reestruturar o *demos* de acordo com as interações antigas e novos atores sociais, reduzindo, ou eliminando, a distância entre centro e periferia na ordem social.

No que se refere ao processo decisório, independentemente de localizar-se no interior do *demos* ou da *pólis*, o princípio participativo de Dahl é a matriz geradora dos seguintes critérios reformistas:

- adotar, se a questão em pauta for tratada em uma associação democrática, a menor associação possível;
- se se requer, para a decisão, associação maior, avaliar os custos adicionais envolvidos, inclusive a redução do poder individual;
- o indivíduo, por razões de eficiência, deve participar do menor número possível de associações;
- o indivíduo, ao se associar, deve ponderar também sobre a possibilidade de não se associar, isto é, manter a autonomia da decisão.

No que se refere às formas atuais que as "democracias" assumem institucionalmente, creio ter sido persuasiva a discussão sobre os modelos elaborados por Lijphart, caso em que passam a ter valor os três critérios que propus para a democracia: âmbito da participação política; representatividade das instituições; e distribuição do poder político institucionalizado.

Tais princípios e critérios de avaliação são coerentes entre si. Além disso, são igualmente consistentes com o modelo de autonomia democrática proposto por Held — e que apresento a seguir —, além de fornecerem justificativa e base conceitual adequada para a democratização. A defesa que Held faz da autonomia como o pilar básico sobre o qual se assentaria a reforma do Estado e a reestruturação da sociedade implica a existência de um Estado democrático que promova o redistributivismo. O princípio justificador da autonomia democrática estabelece que:

> Os indivíduos deveriam ser livres e iguais no que se refere à determinação das condições de suas próprias vidas, isto é, eles deveriam gozar de direitos (e, em correspondência, de obrigações) na especificação do quadro geral que possibilita e limita as oportunidades que estarão à sua disposição, desde que não disponham desse quadro para negar direitos aos demais.[52]

As condições sociais gerais necessárias à sustentação dessa ordem social reformada — que no plano histórico se transformam em objetivos — são, segundo o autor:

- disponibilidade de informação para garantir decisões bem fundamentadas em toda e qualquer matéria de natureza pública;
- política geral de investimentos estabelecida pelo governo associada à extensa regulamentação dos mercados de bens e do trabalho;
- minimização de centros de poder que agem autonomamente nas esferas pública e privada;
- manutenção de uma estrutura institucional receptiva à experimentação de formas organizacionais;
- responsabilidade coletiva pelas tarefas quotidianas e redução ao mínimo do trabalho rotinizado.

A democratização da sociedade, segundo Held, requer uma série de medidas que, de uma forma ou de outra, representam a aplicação combinada dos princípios aqui propostos de ampliação da participação e dispersão do poder, uma vez que a organização social seria guiada por uma multiplicidade de agências autônomas e descentralizadas:

- diversidade de tipos de unidades familiares, fontes de informações, instituições culturais, organizações de consumidores, governadas pelo princípio da participação direta de grupos de cidadãos;
- serviços comunitários (creches, centros de saúde e de educação) com participação direta de cidadãos e prioridades por eles estabelecidas;
- empresas auto-administradas (se vitais, de propriedade nacional; senão, de propriedade social ou cooperativa);

- variedade de propriedades privadas que promovam a inovação e a diversidade.[53]

A democratização do Estado implicaria, insisto, a plena utilização dos critérios de participação e de ampliação da representação política, incluindo outros métodos além da representação proporcional:

- atribuição de *status* constitucional ao princípio da autonomia;
- Legislativo composto de duas Câmaras, organizadas respectivamente em torno da representação proporcional e da representação estatística (amostras das categorias sociais chaves, incluindo gênero e raça);
- sistema partidário competitivo (com extensa participação popular e financiamento público);
- serviços administrativos centrais e locais, internamente organizados de acordo com o princípio de participação direta, e voltados para a coordenação das demandas do usuário local.[54]

Assim, o processo decisório, tanto no plano da *pólis* quanto no plano do *demos,* seria essencialmente democrático, por conta da participação direta ampliada — em conexão, na esfera pública, com a representação proporcional e "estatística" — associada à maior dispersão do poder. Conseqüentemente, a representatividade social seria consideravelmente ampliada.

II. A representação política: origens, concepções e controvérsias

1. Origens e fundamentos

As origens da teoria da representação no mundo moderno são comumente associadas a Thomas Hobbes, cuja principal preocupação — em que pese a centralidade da lei em seu pensamento — consistiu em justificar a forma de dominação política então predominante, o absolutismo monárquico, oferecendo os fundamentos que legitimariam sua autoridade. Autorização e delegação de poder são os elementos essenciais que vinculam a pessoa ao poder constituído via pacto original, solução única para a sobrevivência em um mundo baseado no potencial de destruição recíproca.

A concepção hobbesiana de representação, de veio contratualista, supõe que o soberano transforme a multidão em um corpo único por ele governado, encarnando toda a autoridade. O pacto social institui a autoridade; parte dele é a representação que, moralmente, fundamentaria o exercício do poder pelo governante-representante, que age livremente.

Segundo Hobbes, "uma pessoa é aquele cujas palavras ou ações são consideradas quer como suas próprias, quer como representando as palavras ou ações de outro homem, ou de qualquer outra coisa a que sejam atribuídas, seja como verdade ou por ficção".[1] A pessoa natural age por si mesma, e a pessoa fictícia ou artificial age em nome de outrem; eis aí a distinção original entre representante e representado.

No latim, *persona* significa também disfarce, "e personificar é representar, seja a si mesmo, ou a outro; e daquele que representa outro diz-se que é portador de sua pessoa, ou o que age em seu nome (...). Recebe designações diversas, conforme as ocasiões: representante, mandatário, lugar-tenente, vigário, advogado, deputado, procurador, ator e outras semelhantes."[2]

É importante registrar, de início, dois aspectos sempre presentes, como veremos, nas diversas concepções de representação. Em primeiro lugar — e o próprio Hobbes na passagem supracitada deixa-o bem claro —, há contextos e contextos sociais em que ocorre a representação: político, religioso, jurídico, militar, artístico. Trata-se, assim, de uma visão de representação unificada, envolvendo tanto coisas como pessoas. Em segundo lugar, a concepção de representação — no seu sentido político — é parte integrante de uma visão mais geral do processo político; conseqüentemente, qualquer que seja o significado atribuído à representação, ele se encontra em estreita correspondência com essa mesma visão e, preponderantemente, com a concepção de homem que informa a cosmovisão do autor.

E é precisamente nesse sentido que, contemporaneamente, a visão de Hobbes é mais vulnerável. Tido como teórico do absolutismo, entendo que por maior que tenha sido sua contribuição para a constituição do Estado moderno (vale dizer, da autoridade pública), sua visão política transparece com toda a força na teoria da representação. Duas passagens críticas:

> Quando o ator faz um pacto por autoridade, subjuga através disso o autor, e não menos do que este mesmo o fizesse, nem fica menos sujeito a todas as conseqüências do mesmo."[3]

> Uma multidão de homens transformada em uma pessoa quando é representada por um só homem ou pessoa, de maneira que tal seja feito com o consentimento de cada um dos que constituem essa multidão. Porque é a unidade do representante, e não a unidade do representado, que faz com que a pessoa seja una. E é o representante o portador da pessoa, é só de uma pessoa. Esta é a única maneira como é possível entender a unidade de uma multidão.[4]

A delegação original de poder institui a autoridade, que é distinta da(s) pessoa(s) civil(civis), e seus atos subjugam, necessariamente, a todos. Essa constituição da autoridade pública é, segundo Hobbes, "a única maneira de instituir um tal poder comum, capaz de defender os indivíduos das invasões dos estrangeiros e das injúrias uns dos outros, garantindo-lhes assim uma segurança suficiente para que, mediante seu próprio labor e graças aos frutos da terra, possam alimentar-se e viver satisfeitos...: *Cedo e transfiro meu direito de autogovernar-me a mim mesmo a este homem ou assembléia de homens, com a condição de tranferires a ele o teu direito, autorizando de maneira semelhante todas as suas ações*. Feito isto, a multidão assim unida numa só pessoa se chama *Estado*, em latim *civitas*" (grifos no original).[5]

Embora o poder seja estabelecido com base em todas as vontades individuais, a soberania reside no homem, ou assembléia, que governa, o que é, de fato, uma criação diferente das vontades individuais: a assembléia é una e indivisível e possui poderes praticamente ilimitados.[6]

A representação assume, então, os seguintes traços distintivos:

- constitui governo legítimo que, por sua ação, a todos subjuga;
- o poder instituído é uno e indivisível, quer seja exercido por um só indivíduo, quer o seja por uma assembléia;
- a representação assume feição mecânica;
- não há transitividade de obrigações entre representante e representados, ou, em linguagem contemporânea, não há responsabilidade por parte do representante, que é soberano;
- a sobrevivência é a justificativa moral para a constituição da autoridade.

A consolidação dessa mentalidade se torna definitiva com John Locke, que, a meu ver, acrescenta alguns elementos novos: as idéias de liberdade e de igualdade entre os homens e a noção de interdependência, com ênfase na decisão por maioria. Com isto Locke inaugura a tradição liberal.

Os homens livres, iguais e independentes possuem direito natural à sua propriedade e não podem ser submetidos senão através do seu consentimento expresso: "quando qualquer número de homens, pelo consentimento de cada indivíduo, constituiu uma comunidade, torna, por isso mesmo, essa comunidade um corpo, *com o poder de agir como um corpo*, o que se dá tão-só pela vontade e *resolução da maioria*" (grifos meus).[7] Quando livremente os homens concordam em constituir um corpo político, cada um deles "(...) assume a obrigação para com todos os membros dessa sociedade de submeter-se à resolução da maioria conforme a assentar-se".[8]

Finalmente, ao tratar do Poder Legislativo, Locke lança as bases do direito positivo — daquilo que posteriormente se consolidaria como a teoria constitucionalista do Estado:

> O grande objetivo da entrada do homem em sociedade consistindo na fruição da propriedade em paz e segurança, e sendo o grande instrumento e meio disto as leis estabelecidas nesta sociedade, a primeira lei positiva e fundamental de todas as comunidades consiste em estabelecer o Poder Legislativo...[9]

A Guerra Civil Inglesa no final do século XVII significou historicamente a consolidação da idéia de representação, associando o conceito a uma instituição e vinculando-o à democracia. Nesse contexto belicoso, o Parlamento, pela primeira vez, removeu do poder e executou um monarca, governando sem ele. A representação transformou-se definitivamente em conceito político.[10]

Uma versão conservadora da representação política pode ser encontrada na reflexão de Edmund Burke sobre o constitucionalismo inglês e sobre a Revolução Francesa. O autor não reconhece o autogoverno como parte do elenco de direitos naturais do homem, na medida em que o governo só pode ser efetivamente exercido com base em poder exterior aos indivíduos.

> A sociedade requer não apenas que as paixões dos indivíduos sejam submetidas, mas também que, na massa e no corpo, tanto quanto nos indivíduos, as inclinações dos homens sejam contrariadas e suas paixões submetidas. Isto só pode ser feito por um poder externo ao indivíduo que, no exercício de sua função, não pode estar submetido à vontade e às paixões precisamente daqueles que é seu dever refrear e dominar."[11]

O traço conservador burkeano acentua-se ainda mais quando o autor introduz em suas considerações sobre a representação o elemento eficiência da ação governamental, que, na realidade, constitui-se em um dos elementos justificadores da representação simbólica, e que, posteriormente, lhe valeu posição de destaque no que se refere ao significado atribuído ao ato de se fazer representado.

"De que vale discutir o direito abstrato do homem ao alimento ou à medicina?", pergunta o parlamentar inglês. Responde afirmando que o que interessa não é o direito em abstrato, mas sim o método de assegurá-lo de maneira competente. "Neste caso aconselharei sempre convocar a ajuda do fazendeiro e do médico, e não a do professor de metafísica."[12]

O não reconhecimento do autogoverno como inscrito no conjunto de direitos naturais, a valorização da competência como elemento indispensável para a decisão adequada e a centralidade da eficiência são os pilares sobre os quais se assenta a concepção de Burke de representação, do papel do Legislativo e da atuação do representante.

A Casa dos Comuns, segundo o autor, tem por "virtude, espírito e essência" ser a "imagem expressa dos sentimentos da nação", constituindo-se não em órgão de "controle do povo", mas de "controle pelo povo".[13] Ao Legislativo, enquanto espelho da nação, cabe fundamentalmente controlar o governo em nome do povo. À imagem de representação como espelho, acrescente-se a distinção feita pelo autor entre representação real e virtual, diferenciação que desvincula a representação da soberania popular e do próprio voto:

> Se parte do reino está sendo bem governada e seu interesse sendo assegurado, então ela está representada, independentemente de possuir ou não a franquia eleitoral; se ela não está representada de fato, pode-se dizer que está "virtualmente" representada. Há representação virtual quando existe comunhão de interesses e simpatia quanto a sentimentos e desejos entre aqueles que agem em nome de outrem e aqueles em nome de quem se age, embora os atores não sejam efetivamente escolhidos. Esta é a representação virtual. Tal representação é inclusive melhor, em muitos casos, do que a representação real.[14]

A representação virtual nada tem a ver com o trinômio soberania-voto-representação, fato que Burke reconhece claramente ao admitir que a representação virtual pode ocorrer mesmo na ausência do sufrágio. Trata-se, enfim, de fazer a apologia da eventual competência do governante em lidar com a coisa pública; de resto, não há dúvida de que tanto o exercício da representação real quanto o da virtual podem ser eficientes, no sentido de atender aos interesses de votantes e não-votantes. A distinção feita acaba por tornar empírica uma questão que é essencialmente teórica.

O contexto político mais geral em que se situa essa discussão, no entanto, não nos autoriza entender a "representação virtual" como inteiramente despropositada: exemplo disto são as eleições diretas para cargos executivos em sistemas presidencialistas de governo que, por sua própria natureza, se constituem eleitoralmente em um jogo de soma zero. Caberia ao eleito governar única e exclusivamente visando o interesse daqueles que o elegeram? Uma resposta afirmativa a esta questão é tecnicamente impossível, pois se defrontaria com a impossibilidade real de se exercer o poder apenas em benefício da parcela — ainda que majoritária — do eleitorado vitorioso. O mesmo problema ocorreria em um sistema majoritário uninominal, no caso de eleições legislativas.

Burke é efetivamente cético quanto ao ideal da representação e, nesse sentido, a passagem que se segue não só ilustra essa dimensão do seu pensamento, mas convida também à reflexão sobre a efetiva correspondência, de sentimentos e interesses entre representante e representado. Na incerteza dessa correspondência, e, mais que isto, na sua virtual inconveniência, o autor opta pela competência, maturidade e independência de julgamento que devem caracterizar o representante. E traz à discussão elementos da maior importância que, creio, permeiam ainda o debate contemporâneo: interesses locais, setoriais, por oposição a interesses gerais, nacionais:

> (...) deveria ser feliz e glorioso o representante que vivesse em estreita união, na mais próxima correspondência e com irrestrita comunicação com seus constituintes. Seus desejos deveriam ter muito peso para ele; suas opiniões, grande respeito; seus negócios ininterrupta atenção. É seu dever sacrificar seu próprio repouso, sua satisfação à deles, e sobretudo, e em todos os casos, preferir os interesses deles aos próprios. Mas a sua opinião sem preconceito, o seu julgamento maduro, a sua consciência esclarecida não deveria ele deles abrir mão para você, para qualquer outro homem, ou mesmo para qualquer conjunto de homens (...)
>
> (...) mas o Parlamento é uma assembléia "deliberativa" de uma nação com "um" interesse, aquele do povo, no qual nenhum objetivo local, nenhum preconceito para além do bem comum deve prevalecer; bem comum que resulta da razão geral do conjunto.[15]

Hobbes, Locke e Burke são os formuladores da moderna teoria da representação na esfera pública, em que pese a visão liberalizante de Locke. Efetivamente, Burke radicaliza a versão hobbesiana, em um sentido conservador, pois é sua a conceituação precisa do mandato virtual.

Um comentarista contemporâneo,[16] em excelente tese de doutorado, assim sintetiza o pensamento de Hobbes:

> Na teoria hobbesiana, a autorização tem dois significados de certo modo opostos: de um lado, aquele que decide e age na esfera pública, o *ator*, o faz em virtude da autorização de outrem, o *autor*; de outro, ao autorizar o ator, os autores obrigam-se a reconhecer como efetivamente de cada um e de todos eles, isto é, da comunidade política, as decisões e atos do ator".[17]

Mais adiante, José Giusti Tavares resume em quatro os elementos essenciais do hobbesianismo: a) os indivíduos-autores autorizam o representante-ator a agir em nome do interesse público de acordo com a concepção do último; b) ao nomearem representante, os indivíduos assumem por antecipação as obrigações decorrentes da ação do representante; c) o representante possui ampla autonomia de ação; d) a representação, portanto, sujeita universalmente a todos, mesmo àqueles que não escolheram o representante enquanto tal, pelo efeito combinado da universalidade da lei e do princípio de decisão de maioria.[18]

Burke, como se viu, desvincula o mandato do representante do mecanismo eleitoral, fator já presente na formulação hobbesiana no último dos quatro elementos citados. A diferenciação de Burke entre mandato imperativo e mandato virtual inaugura polêmica, prevalecente até hoje, com base no conteúdo da representação: interesses locais, setoriais etc. *versus* interesses e mandato nacionais.

2. Desenvolvimento e diferenciação conceituais

A Revolução Francesa e a independência das colônias norte-americanas reforçaram radicalmente conceitos essenciais da teoria, agora democrática: a soberania popular, a representação de interesses e a centralidade dos mecanismos eleitorais.

O federalista Thomas Jefferson, nesse particular, destaca-se claramente de seus contemporâneos norte-americanos pelo vigor com que trata dessas questões, certamente influenciado pelas circunstâncias extremamente peculiares da Revolução Americana: consolidar a independência, construir a nacionalidade e edificar uma democracia no marco de uma Federação.

Vejamos, a seguir, como Jefferson fundamenta a soberania popular:

> Considero o povo que constitui a sociedade ou a nação como a fonte de toda a autoridade desta; como sendo livre para conduzir seus interesses comuns através de quaisquer órgãos que julgue adequados; para modificar esses órgãos individualmente ou sua organização na forma ou função sempre que lhe apraz; considero ainda que todos os atos praticados por esses órgãos sob a autoridade da nação constituem atos dela, são obrigatórios para o povo e em vigor seu uso, não podendo, de forma alguma, ser anulados ou afetados por quaisquer mudanças na forma do governo ou das pessoas que o administram.[19]

Além de retomar o conceito de soberania popular (povo, sociedade e nação são aqui termos intercambiáveis), o autor entende que a instituição do governo se submete à liberdade, tanto no que diz respeito à busca de interesses comuns, quanto no que se refere à natureza e à função dos órgãos criados. Além disso, a soberania popular implica a possibilidade de mudar esses órgãos a qualquer momento. O elemento novo em Jefferson — há que se lembrar que o texto citado é de 1793, portanto no contexto de uma Federação de ex-colônias ainda em processo de construção — é a possibilidade de alteração, sempre que for da vontade popular, dos órgãos criados. De toda forma, a relação representado-representante é aqui dinâmica, versão muito distante da representação hobbesiana.

A distância passa a ser ainda maior se considerarmos o seguinte fragmento de texto, bem posterior (1824): "A geração atual tem o mesmo direito de autogoverno que a anterior teve para si."[20]

A junção dessas duas referências coloca, pela primeira vez, uma questão a que se tem dado muito pouca atenção: se o povo é soberano e se exerce esta soberania no ato eleitoral para escolher seus representantes, há limites que se impõem, seja de um lado, seja de outro? Entendo que a referência ao direito de autogoverno de toda e qualquer geração cria problemas que ainda não estão sequer adequadamente mapeados. Esta discussão será retomada posteriormente.

O pensamento jeffersoniano referente à participação popular é também radical e, de novo, é preciso apontar para o contexto teórico-político mais geral que permeia a obra do autor e sua própria experiência política. Trata-se da construção pioneira de um sistema de governo presidencialista, com características marcadamente diferentes do parlamentarismo da antiga metrópole: "Pensamos, na América, ser necessário introduzir o povo em todo departamento de governo enquanto tenha capacidade de exercer-lhe as funções e que este é o único meio de assegurar uma longa, contínua e honesta administração de seus poderes."[21] Entenda-se por departamento o Executivo e o Legislativo; no que se refere ao Judiciário — excetuando-se a instituição do júri popular — o critério eletivo é substituído pelo da ciência, da competência especializada.

O capítulo LII de *O federalista* possui passagem das mais incisivas sobre representação política:

> Sem que o governo em geral tenha com o povo comunidade de interesses, não pode haver liberdade. Ainda mais: é essencial que a parte do governo que vamos examinar esteja em imediata dependência do povo e que esteja com ele em simpatia perfeita. Ora, a freqüência das eleições é o único meio de assegurar esta simpatia e aquela dependência: qual seja, porém, o grau de freqüência absolutamente necessário para este efeito é o que não se pode determinar com precisão, porque isso depende de uma gama de circunstâncias diferentes. A experiência é a única bússola em que podemos nos fiar para errarmos o menos possível em tão incerta derrota.[22]

A referência à representação de interesses dispensa maiores comentários; o aspecto que me parece crucial é a percepção de uma relação dinâmica entre povo e governo, que se sustenta mediante eleições cuja regularidade só a experiência pode determinar. A desejável comunhão de interesses, entretanto, só pode ser assegurada, no pensamento jeffersoniano, através de mecanismos eleitorais freqüentes; não há referência a mecanismos outros, durante os mandatos, que pudessem assegurar a responsabilidade dos representantes para com os representados.

Conhecido como romancista — e mesmo assim nem sempre figurando entre os autores maiores da literatura nacional —, José de Alencar foi recentemente trazido à luz como teórico, e de alto nível, da democracia. Wanderley Guilherme dos Santos afirma: "Após ler o que pude encontrar dos autores consagrados do século XIX, aí incluídos os autores citados por ele (ele, Alencar), não me restou senão concluir pela originalidade e inventividade de José de Alencar. O parentesco com o Stuart Mill de *Considerations on Representative Government*, que é de 1861, e apontado no prefácio do *Sistema* (*Systema Representativo*, 1868, de Alencar), é ao mesmo tempo minimizado por ter ele, Alencar, já tocado no tema da representação das minorias em artigos jornalísticos de 1859."[23]

Ardoroso defensor do sistema de representação proporcional, a articulação feita pelo autor, que inclui a formação da vontade nacional, a delegação de poder e o governo representativo, portanto democrático, é fluente, concisa e claríssima. Após analisar o processo complexo e múltiplo de formação da vontade individual estabelece que:

> (...) do mesmo modo se gera a vontade da pessoa coletiva. Cada cidadão, que constitui um membro ou elemento dela, concorre na medida de sua atividade para a gestação da soberania. Os pensamentos opostos e disseminados acham-se em contato, decompõem-se mutuamente, e acabam por se consubstanciar em uma só idéia; eis a vontade nacional.[24]

Apesar da variedade institucional vigente entre os Estados livres, Alencar aponta para a delegação de poder como sendo o princípio organizador por excelência da democracia, uma vez que:

> (...) a civilização moderna não comporta esse governo da praça. Por um lado, alargam-se consideravelmente os limites do Estado, o que impossibilita o ajuntamento da população em um só comício: também a política tomou largas proporções e adquiriu foros de ciência, que a tornam inacessível às turbas. Por

outro lado, desenvolveu-se a vida social; a individualidade ocupada com sua existência privada não pode conceder à coisa pública mais do que algumas parcelas de tempo em espaçados períodos.[25]

Ampliação das atividades do Estado, complexidade da vida social e especialização na e da esfera política ("A política como vocação?") — traços da modernidade — constituem-se em obstáculos, de ordem empírica, é claro, para o exercício direto da soberania popular: "agora o povo exerce o poder por meio de mandatários e apenas conserva o uso próprio do direito constituinte."[26]

A concepção alencariana de representação fundamenta-se na constatação e reconhecimento da diversidade sociopolítica e no mecanismo da proporcionalidade — "justa proporção" — como meio de maximização da representação enquanto espelho da nação:

> Residindo a soberania solidariamente em toda a nação e formando-se da consubstanciação de todas as opiniões que agitam o povo, é evidente que um país só estará representado quando seus elementos integrantes o estiverem, na justa proporção das forças e intensidade de cada um.

> A representação, já que se tornou impraticável a democracia direta, deve reproduzir com a maior exatidão possível essa função ampla do governo popular.[27]

A semelhança dos conceitos e argumentos alencarianos com os de Stuart Mill é efetivamente notável, como já foi apontado por Santos. Antes de levarmos adiante esta discussão, há um outro aspecto do ideário político de Alencar que merece destaque. Tal como em Jefferson, Mill e outros autores, as relações políticas entre maioria e minoria constituem preocupação central de Alencar, com todas as implicações daí decorrentes: governo de maioria, possibilidade de exercício da tirania e princípio adequado de representação política. Refiro-me à temporalidade da representação, às suas implicações para gerações futuras, dimensão anteriormente identificada também por Jefferson. Vejamos:

> Argumentarei, porém, dentro da esfera da nacionalidade. Prevalecendo aquele princípio, a maioria presente, que atualmente governa, não poderia opor o menor embaraço à maioria futura; do contrário haveria uma usurpação prévia da soberania, e uma espécie de despotismo hereditário.[28]

Em John Stuart Mill, um dos mais lúcidos defensores do sistema representativo autêntico, identifico alguns princípios elementares que dão suporte à sua teoria do governo representativo, concebida sob a égide do idealismo. Em primeiro lugar, há o reconhecimento da diversidade socioeconômica da sociedade, elemento que permeia toda a sua concepção e que nela aflora sob a forma de organização em classes sociais.

Em segundo lugar, destaque-se a primazia da soberania popular e da igualdade política dos cidadãos, apesar do igual reconhecimento de que a "inteligência" — ou a competência — não se encontraria igualmente distribuída nem entre eleitores, nem entre os representantes. Assim é que Mill rejeita inteiramente a teoria da representação delegada, por temor de que, dada a vigência da regra da maioria no processo decisório, se poderia viver sob o domínio de uma "legislação de classe". O autor, por entender que as instituições políticas não são obra do acaso, pois "a instituição precisa não apenas da aquiescência simples dos homens, mas sim de sua participação ativa",[29] formula três condições para seu adequado desempenho:

a) a forma de governo deve ser aceita pelos homens;
b) eles devem querer e ser capazes de fazer o necessário para mantê-la;
c) devem querer e ser capazes de agir para que as instituições cumpram seus propósitos.[30]

Em terceiro lugar, saliento a defesa do princípio de proporcionalidade como parte essencial da democracia representativa, por ser o único consistente com a igualdade política e necessário para se evitar os excessos cometidos pela maioria através da "legislação de classe".

O aspecto desenvolvimentista da teoria democrática de Mill transparece com nitidez na passagem que se segue, na qual as instituições são vistas como meios para se exercitar o progresso intelectual, garantindo e ampliando o que porventura já exista:

> Obtivemos, portanto, o fundamento para uma divisão dupla do mérito que qualquer conjunto de instituições pode possuir. Ele consiste, em parte, no grau em que as instituições promovem o avanço mental da comunidade, incluindo-se nesta frase o avanço intelectual, em virtude, e na atividade e eficiência práticas; e, parcialmente, no grau de perfeição com que elas organizem a riqueza moral, intelectual e ativa já existentes, de forma tal a que se opere os afazeres públicos com o máximo de efetividade.[31]

O ideal puro de democracia consistiria no governo do povo por todo o povo igualmente representado, mas o ideal democrático requer também a maximização do exercício da competência — por parte do eleitorado e dos representantes — em formato institucional que evite a dominação da maioria (classe):

> Já se viu que os perigos inerentes a uma democracia representativa são de dois tipos: o perigo de haver um baixo grau de inteligência no corpo representativo e na opinião popular que o controla e o perigo do Legislativo classista por parte da maioria numérica, que se compõe de pessoas da mesma classe.[32]

Mill entende, portanto, que o voto de todos é condição primeira da institucionalidade democrática e que o princípio da proporcionalidade deve prevalecer, atentando-se, no entanto, para se maximizar a competência e a habilidade para que as instituições políticas funcionem adequadamente.

Mill não faz defesa explícita da teoria da representação delegada nem do mandato livre; o que faz é problematizar as relações entre representante e representado:

> Deveria um membro da legislatura ser limitado pelas instruções de seus constituintes? Deveria ser ele o porta-voz de seus sentimentos ou dos próprios sentimentos? Seu embaixador em um congresso, ou seu agente profissional, com poder não apenas para agir por eles mas também para julgar por eles o que deve ser feito?"[33]

De fato, a rejeição da teoria delegada não impede Mill de reconhecer que o eleitor ao escolher seu representante pode incorporar a noção de delegação; isto é, a liberdade inerente ao voto pode permitir que subjetivamente as razões do voto delegado orientem a opção do eleitor. O que Mill rejeita é que desta orientação subjetiva resultem obrigações para o representante:

> Na medida em que são livres para votar, e livres para votar como quiserem, não podem eles ser impedidos de fazerem com que seu voto dependa de quaisquer condições que entendam serem adequadas.[34]

Os anos 1860 e 1870 foram, seguramente, de um e de outro lado do Atlântico Norte e também no Atlântico Sul, profícuos para o desenvolvimento da democracia representativa liberal, enquanto teoria e como prática.

A formação do que Sterne entendia ser a representação incorpora definição simples e transparente, formulada inicialmente por Mirabeau nos debates da Assembléia Constituinte Francesa (30 de janeiro de 1789):

> (...) que um corpo representativo seja para a nação aquilo que um mapa é para a configuração física de seu solo: em todas as suas partes, e no conjunto, o corpo representativo deveria sempre apresentar um quadro reduzido do povo — de suas opiniões, aspirações e desejos, e esta representação deveria significar uma proporção relativa do original, precisamente como um mapa apresenta montanhas e vales, rios e lagos, florestas e planícies, cidades e vilas.[35]

Alencar, Sterne e Stuart Mill foram os expoentes da divulgação e defesa do princípio de representação proporcional formulado alguns anos antes por Thomas Hare e adotado pela primeira vez na Irlanda em 1923.[36]

A metáfora utilizada por Sterne na passagem citada é, certamente, de fácil compreensão pois a imagem é forte e de nítido conteúdo descritivo, na esteira de contemporâneos já examinados. A democracia, segundo o autor, requer para o cidadão o duplo papel de "sujeito e governante": no primeiro caso, enquanto membro da massa, e no segundo, enquanto detentor do poder soberano. Sua justificativa da representação política — única forma de se preservar o ideal democrático — não é muito diferente das razões alegadas por Alencar, embora este as apresente de forma mais complexa e mais bem formulada.

> Para nações que possuam território extenso, grande variedade e divisão de trabalho e competição intensa em cada atividade humana, o que faz com que a devoção exclusiva a sua atividade seja condição de sucesso, a forma de democracia tal como praticada pelos atenienses é inteiramente impraticável; tal povo, se pretende preservar o ideal democrático, deve ter o trabalho legislativo feito por meio de deputados ou representantes, e os trabalhos administrativos devem ser feitos por funcionários eleitos ou nomeados de quando em vez para executarem esta ou aquela atribuição, tendo eles, temporariamente, o poder para executá-la.[37]

Hannah Pitkin vê o século XIX como o período da institucionalização do direito de representação como parte dos direitos do homem e, conseqüentemente, do estabelecimento das instituições representativas — onde, é claro, elas ainda não existiam. Os governos passaram a ser responsáveis perante os Legislativos e ampliou-se o direito ao sufrágio.[38]

Já o final do século XIX e as primeiras décadas do século atual foram presididos por amplo processo de expansão organizacional: a política deixou de ser feita nos gabinetes em decorrência do desenvolvimento institucional apontado anteriormente, com o subseqüente surgimento dos partidos de massa. Também as atividades governamentais expandiram-se e o governo burocratizou-se; o desenvolvimento econômico e social foi igualmente marcado pelo aparecimento de grandes organizações econômicas e sindicais, à instalação da política de massas seguiu-se reação conservadora, de caráter eminentemente elitista. A profundidade, riqueza e influência posterior do pensamento weberiano requerem que sua reflexão sobre a representação política e fenômenos correlatos seja aqui revista.[39]

Um adequado ponto de partida para o exame das questões que nos interessam em Max Weber[40] parece ser sua concepção de Estado: "num estado moderno, necessária e inevitavelmente a burocracia realmente governa, pois o poder não é exercido por discursos parlamentares nem por proclamações monárquicas, mas através da rotina da administração."[41] Logo a seguir afirma: "sociologicamente falando, o Estado moderno é uma empresa (*Betrieb*) idêntica a uma fábrica: é esta, exatamente, sua peculiaridade histórica."[42]

Segundo Weber, qual é, no Estado moderno, o papel das instituições democráticas? Dos partidos? E das eleições?

Nos partidos, tal como na economia e na administração pública, desenvolveu-se também a burocratização: "hoje o objetivo dos partidos é sempre a obtenção de votos numa eleição para cargos públicos ou um corpo de votação. Um rígido núcleo de membros interessados é dirigido por um líder ou por um grupo de pessoas eminentes; este núcleo difere grandemente no grau de sua organização hierárquica, contudo é hoje em dia freqüentemente burocratizado...".[43]

Já o Parlamento, e até mesmo o monarca, são poderes secundários: "Isto nos leva à discussão dos dois Poderes que sozinhos podem ser forças controladoras e dirigentes no Estado constitucional moderno, *depois do onipotente funcionalismo*: o monarca e o Parlamento" (grifos meus).[44] O autor não deixa por menos; o *locus* real do poder é a burocracia: "os Parlamentos modernos são primeiramente órgãos representativos dos indivíduos governados por meios burocráticos. Afinal de contas, *um mínimo de consentimento da parte dos governados, pelo menos das camadas socialmente importantes, é a precondição da durabilidade de toda dominação*, inclusive da mais bem organizada" (grifos meus).[45]

Esta passagem nos permite penetrar no cerne do pensamento weberiano, mostrando sua vulnerabilidade. Admitamos que o predomínio da burocracia diante dos demais Poderes se constitua como adequada descrição da realidade. No entanto, o que se segue (na passagem acima) é juízo de valor, de natureza prescritiva. Refiro-me ao consentimento mínimo das camadas importantes, não como eventual princípio legitimador (ainda que indiretamente) do poder burocrático enquanto forma de dominação racional. A vulnerabilidade consiste no mecanicismo do argumento weberiano, na medida em que o autor se submete, e sucumbe, à realidade descrita.

Tem total razão o comentarista contemporâneo José Guilherme Merquior quando diz que:

> À vista do papel central da democracia no estado da sociedade industrial, é da máxima importância observar que [Weber] não concebeu a democracia representativa da cidadania de massa como se poderia acaso esperar — isto é, como uma (talvez como *a*) forma natural de dominação legal. Pelo contrário, preferiu pensar nela como instrumento para líderes com falta de criatividade carismática num universo crescentemente "racionalizado", ou seja, "gerido pela burocracia".[46]

Eleições e líderes assumem em Weber tão-somente função legitimadora — um método apenas, como diria posteriormente Schumpeter. O atual estágio de desenvolvimento — leia-se capitalismo, racionalização e burocratização — "acabou definitivamente com o velho estado de coisas, quando as eleições costumavam ocorrer na base de idéias e 'slogans' que eram formulados por ideólogos e então propagados e discutidos na imprensa e em assembléias (comícios) públicas...".[47] O líder não se tornou um líder por conta de suas proezas parlamentares; é resultado apenas da confiança e da fé que as massas nele depositaram por conta do exercício da demagogia.[48]

O construtor da dominação legal acabou por comprometer sua interpretação na medida em que a legitimidade repousa excessivamente no governante, o que desvirtua e limita normativamente sua visão de democracia, realista em excesso, aceita a premissa de que se trata de descrição suficientemente acurada e fiel do mundo em que viveu.

3. A revisão contemporânea: insuficiência teórica e controvérsias

Vimos que, ao longo de pouco mais de dois séculos, surgiram formulações diferentes da "teoria da representação", cujo conteúdo varia bastante em seu teor democrático e, ainda, que concepções específicas foram profundamente afetadas, por um lado, pelo contexto conceitual mais geral dos autores e, por outro, pelas questões teórico-empíricas que cada autor se propôs a enfrentar, em seu tempo.

O quadro no século XX, segundo Pitkin,[49] continua sendo desapontador, na medida em que persistem controvérsias e visões contrastantes. Creio que tais dificuldades cresceram ainda mais por conta da própria institucionalização democrática. A generalização de instituições inseparáveis da democracia, tais como eleições periódicas, Poder Legislativo, sufrágio universal e partidos de massa, alterou sensivelmente os termos da discussão sobre o ato de representação, que durante muito tempo estivera circunscrito à relação individualizada entre representante e representado.

No mundo de hoje, além dessa questão, que se poderia entender como o elemento micro da representação, há problemas mais gerais que se colocam em relação à representatividade das instituições políticas e do governo democrático. A passagem que se segue identifica posições diversas em face do governo representativo; suas raízes intelectuais, no entanto, podem facilmente ser traçadas com base na revisão que venho elaborando:

> (...) alguns escritores tentam distinguir o governo representativo de outras formas de governo; outros afirmam que basicamente qualquer governo efetivo representa o povo que governa; outros ainda argumentam que governo algum pode realmente representar. Ou, de novo, os escritores discordam do papel ou conduta apropriados para um representante: deveria este agir com base em seu próprio julgamento do que entende ser o interesse nacional, ou deveria ele ser um servo fiel da vontade de seus constituintes?[50]

Também Harold Gosnell reconhece a insuficiência teórica, argumentando que as referências à representação excluem evidências empíricas relevantes e são influenciadas por visões específicas do que é a democracia, além de estarem atreladas a sistemas específicos de representação.[51] A opção pelo princípio majoritário ou pelo proporcional — questão que informa toda essa discussão a partir dos anos 1860 — encontra-se inexoravelmente associada, por exemplo, à preferência pelo mandato virtual ou pelo mandato imperativo. Infelizmente, não é possível detectar cadeias causais, no plano da teorização, que indiquem que elemento determina outro. Nesse sentido, a concepção que se tem do homem comum, a maior ou menor valorização da competência e da eficiência, a instrumentalidade dos mecanismos de representação como forma de aprimoramento individual e societário, os princípios de representação e, até mesmo o formato desejável das instituições de governo são elementos interligados no pensamento dos teóricos e dos analistas do estado da arte, isto é, do que foi estabelecido pela literatura com bases teórico-metodológicas sólidas.

A concepção do próprio Gosnell continua sendo inadequada e suscetível de críticas. Para ele,

> (...) a representação do indivíduo em uma sociedade é condição que existe quando as características e atos de uma pessoa em uma posição de poder na sociedade estão de acordo com os desejos, expressos ou não, do indivíduo.[52]

Ora, a adesão à idéia de espelho, de mapa é muito clara nesta definição, filiando-se, de resto, à corrente que me parece majoritária desde o final do século XIX, e que fundamenta a legitimidade da representação no desejável isomorfismo de características e atos entre representante e representado. No entanto, há um elemento que perturba a definição: cabe ao representante agir também de acordo com os desejos não expressos pelo representado, o que abre caminho para viabilizar o mandato virtual e, obviamente, reduz o vigor democrático da representação. Como pode o representante — a não ser com base no seu próprio juízo — atender a desejos que não foram expressos? A definição acaba, entendo, por assumir implicitamente o mandato virtual como segunda melhor opção, se e quando o representante desconhece as preferências de seu eleitorado. E assim é, ao se fazer uma interpretação claramente favorável ao autor. Explorando um pouco mais o texto, vale citar:

> Uma pessoa pode ignorar os atos de quem tem posição de poder, mas pode mesmo assim constatar semelhança acentuada, em termos de fisionomia e características sociais, existente entre ele e o representante. Ele se sente como se ele próprio ocupasse a posição de poder. Um dos sentidos primitivo, literal e persistente do termo representação é *apresentar de novo* e a partir deste sentido veio a significar aparecer no lugar de outrem.[53]

Semelhança acentuada, fisionomia, características sociais, "re-presentar" são termos fortes e positivos no trecho acima; representar é espelhar. No entanto, há um forte subjetivismo nesta passagem que, se de um lado aponta para elementos objetivos (características sociais), de outro reduz a representação à "identificação com", impossibilitando sua avaliação, em virtude da ausência de elementos que evidenciem para a intersubjetividade dos representados. O próprio autor reconhece, apenas *ex post facto*, o peso excessivo da avaliação em sua concepção, e termina resolvendo os dilemas envolvidos pela remissão dos mesmos ao plano da empiria: "qualquer discussão limitada de representação deve ser configurada, no que se refere à maior parte dos seus aspectos substantivos, ao próprio meio em que ocorre".[54]

Esta solução é freqüente em situações semelhantes, e não está apenas circunscrita à teoria da representação.[55]

Infelizmente, essa remissão ocorre com muita freqüência nessa teoria, inclusive nos textos de Hannah Pitkin, principal comentarista contemporânea. Após reconhecer — e a esta altura a reiteração é quase dispensável — a diversidade e confusão conceituais reinantes, a autora admite ser indispensável resgatar o sentido permanente de "re-presentar", de fazer presente alguém que está ausente e de fazê-lo indiretamente através de um intermediário. Este parece ser o único núcleo consensual, acrescido, naturalmente, do mecanismo eleitoral, substituto contemporâneo da autorização contratualista hobbesiana. Diante da constatação de que o consenso mínimo é restrito, também Pitkin sucumbe ao empirismo: a solução para a análise da representação consiste em "... levar para casa cada visão, para seu contexto apropriado".[56]

O paralelo com Gosnell não se restringe apenas ao empirismo; a controvérsia mandato imperativo-mandato virtual expressa-se igualmente, e sem solução, no pensamento de Pitkin:

> (...) representar aqui significa agir no interesse do representado, de forma responsável para com ele. O representante deve agir independentemente; sua ação deve envolver discrição e julgamento; ele deve ser a pessoa que age. O representado deve também (presumivelmente) ser capaz de ter ação e julgamento independentes, e não apenas ser cuidado. E apesar do potencial de conflito resultante entre representante e representado sobre o que deve ser feito, esse conflito deve seguir seu curso normalmente. O representante deve agir de forma tal a não haver conflito, e quando ele ocorrer deve oferecer uma explicação. Ele não deve contrariar persistentemente os desejos dos representados sem que tenha uma boa razão a favor de seus interesses, sem que tenha uma boa explicação de por que seus desejos não estão de acordo com seus interesses.[57]

A citação permite identificar, a meu ver, os dilemas, tensões e preferências de diversos autores, sem dar, porém, solução a vários dos problemas que a revisão adequada da literatura sistematicamente apresenta, inclusive aqueles apontados pela própria Hannah Pitkin. Vejamos os pontos mais centrais. Em primeiro lugar, a autora se filia à corrente que identifiquei como majoritária, a da representação de interesses, cuja definição incorpora contundentemente o exercício do mandato virtual, que requer independência de ação por parte do representante baseado em seu próprio julgamento.

Ora, o potencial de conflito é inevitável e a solução favorece o representante, pois trata-se do mandato virtual. No entanto, surge um segundo elemento, no contexto do conflito, que é um dos traços da representação sob o olhar contemporâneo: a responsabilidade do representante. Esta responsabilidade assume um sentido fraco, pois ser responsável, perante o eleitorado, nessas circunstâncias, significa tão-somente que, prevalecendo o juízo do representante, este deve dispor de boas razões para evidenciar para o seu eleitorado "por que seus desejos não estão de acordo com seus interesses".

A teoria "clássica" da representação política sofreu, indiretamente, nos anos 50 e 60, ataques generalizados advindos de uma reflexão herdeira de Weber e Schumpeter.[58] Refiro-me ao papel desempenhado pela participação popular na política. Na tradição de formular teoria política empiricamente orientada — e, de fato, fundada na desconstrução schumpeteriana da racionalidade, nos planos individual e coletivo, das massas —, uma série de autores apontam, por um lado, para a inexistência empírica de condições necessárias para o efetivo funcionamento da democracia, e, por outro, identificam conseqüências negativas da participação política para a "institucionalidade democrática". Em lugar do ideal desenvolvimentista de Rousseau e de Stuart Mill, que viam a participação como meio de desenvolvimento das potencialidades humanas, com reflexos positivos nos planos individual e comunitário, emerge uma interpretação, fundada na empiria, que vê na participação política os germes da destruição da ordem "democrática". A preocupação central destes autores passa a ser a estabilidade, e não o aperfeiçoamento democrático.

As análises de Berelson, Lazarsfeld e Mcphee[59] sobre comportamento eleitoral mostram que o indivíduo-eleitor não satisfaz os requisitos clásssicos necessários à participação consciente, racionalmente orientada. Apesar dessa insuficiência democrática no plano micro, o sistema funciona, independentemente dos graus elevados de persistência de desinteresse e de apatia e da falta de informação política. Nesse sentido, a prevalência de uma certa taxa de marginalidade política é percebida como funcional para o sistema como um todo.

Em texto de 1956, o próprio Robert Dahl, teórico da democracia real das sociedades avançadas, encara com ceticismo o papel da participação política, apesar de reconhecê-la como processo democrático indispensável. O temor relativo à desestabilização da democracia tem a ver com a participação das classes socioeconômicas mais baixas, pois é entre elas que é mais provável o surgimento de personalidades autoritárias:

> As mesmas dificuldades aplicam-se à relação entre poliarquia, atividade política e consenso sobre normas básicas. Mas aqui nos deparamos com um problema adicional, pois *a evidência corrente sugere que, nos Estados Unidos, quanto mais baixa a classe socioeconômica do indivíduo, mais autoritárias suas predisposições e menos ativo politicamente ele será.* Dessa maneira, se um aumento da atividade política *traz os indivíduos de mente autoritária para a arena política, o consenso sobre as normas básicas entre os politicamente ativos deve estar declinando* (grifos meus).[60]

Alguns anos depois, o italiano Giovanni Sartori junta-se à Dahl, inspirado pelo mesmo temor: a ampliação da participação (popular) pode levar ao totalitarismo. Conseqüentemente, não se deveriam alterar os níveis existentes de participação, em virtude de sua funcionalidade positiva para a manutenção da democracia enquanto sistema.[61]

4. Representação: articulação dos planos micro e macro e natureza do mandato

Griffiths entende que o termo "representação" tem sido utilizado em quatro sentidos básicos. A representação descritiva — em que o representante deve ser como o representado — supõe uma relação que chamamos de isomórfica, que envolve características sociais comuns a ambos; a representação simbólica implica a presença, no representante, do ponto de vista do representado, de um conjunto apropriado de atitudes. A representação pode ainda incluir a ação em defesa dos interesses dos representados; e o autor aponta, finalmente, o sentido atributivo: o que o representante faz ou decide sujeita o representado. Não me parece que este último se constitua, de fato, em um dos sentidos usualmente associados à representação; pelo contrário, trata-se de atributo indispensável qualquer que seja o sentido, ou o conteúdo, da representação, na medida em que é a conseqüência, a contrapartida do próprio ato de autorização e de constituição da autoridade.[62]

A obrigação gerada por ato ou decisão do representante — que a todos atinge se efetivado de acordo com os procedimentos requeridos — e o mecanismo eleitoral — único a gerar representação democrática — são os elementos essenciais desse conceito. São ainda os únicos elementos consensuais, e o são em virtude de sua natureza objetiva.

Quanto ao conteúdo da representação, entendo ser ele eminentemente subjetivo, sobretudo no que tange ao representado. No entanto, os sentidos descritivo e simbólico podem se objetivar no momento da escolha eleitoral, isto é, podem se constituir em fundamento da opção eleitoral. Já a idéia de representação de interesses só pode se materializar com base em experiência prévia, isto é, tendo em vista o conhecimento, por parte do representado, do desempenho anterior do representante em defesa do que entende serem seus interesses. Neste caso, que requer informação e acompanhamento da atividade política, a representação de interesses pode se constituir também em fundamento do voto. Em outras circunstâncias, assume caráter exclusivamente de *expectativa de representação*.

Observe-se, ainda, que esses sentidos não são mutuamente excludentes, e isto nos permite formular a seguinte proposição: *a representação será tanto mais intensa quanto mais os sentidos apontados se fizerem presentes e quanto mais freqüente for essa presença. Assim, quanto mais intensa e generalizada for a representação, mais democrática será ela.*

O critério de generalidade requer discussão mais pormenorizada. O mundo contemporâneo, como viemos acentuando, é extremamente complexo no que se refere às atividades do Estado e à estrutura social. A diversidade social e, conseqüentemente, de interesses que se manifestam no curto, médio e longo prazos ocasiona coalizões flutuantes, isto é, uma pluralidade de alianças de atores que varia no tempo e no espaço políticos em face das diversas questões que integram a agenda pública, ou que dela são deliberadamente excluídas.

Ora, a constituição de representação ocorre com freqüência, mas não se trata de um processo contínuo, permanente. A representação democrática requer, portanto, que toda a sua diversidade se faça presente através do mecanismo eleitoral, e é este o sentido do critério de generalidade a que aludimos anteriormente.

O voto é, sem dúvida, condição necessária da representação, pois é no ato eleitoral que se materializam o consentimento e a expectativa de representação, mas não é condição suficiente, pois o representar temporalmente só ocorre após a eleição. E ainda, a representação será tanto mais democrática quanto mais intensa e generalizada ela for. O acúmulo dos diversos significados a ela atribuídos é o critério de intensidade que, insistimos, é medida da representação democrática.

Nesse sentido, a *isomorfia na relação entre representante e representado será mais perfeita quando, de um lado, o representado tomar como base para sua escolha eleitoral o elemento descritivo, o elemento simbólico e o elemento expectativa de representação de interesses, e, de outro, quando o representante agir e deliberar no interesse do representado, a ele dando conta de seus atos e deliberações.*

Conceber assim a estrutura da representação resolve, a meu ver, a questão no plano micro e abstrato da indispensável relação entre representante e representado. Nos planos institucional e sistêmico surgem complicações adicionais, pois,

> (...) a representação política é primariamente um arranjo público e institucionalizado, envolvendo muitas pessoas e grupos e operando de maneira complexa em arranjos sociais em grande escala. O que a torna representação não é a ação única de qualquer participante, mas a estrutura geral e o funcionamento do sistema e os padrões que emergem das atividades múltiplas de muitas pessoas.[63]

Pitkin, acima citada, deixa claro que a representatividade é, também, atributo do sistema democrático e, enquanto tal, é resultado de operações múltiplas e complexas. É de se esperar não só que arranjos diversos produzam resultados igualmente diferentes, mas também que um mesmo arranjo institucional produza graus distintos de representatividade — no sentido forte que venho adotando — ao longo do tempo. Ademais, também a avaliação que se faça da representatividade será variada em função agora não mais da expectativa de representação, mas sim de sua efetiva materialização.

Cabe retornar ao pensamento de Pitkin para que se possa avançar nessa discussão. A autora admite que:

> (...) talvez, quando convencionalmente se fala em representação política, em governo representativo e conceitos assemelhados, não se quer dizer ou não se requer que a representação implique em relação unívoca, pessoa a pessoa em relação aos constituintes, individualmente ou como um todo, da forma pela qual ela ocorre em uma representação privada.[64]

Embora eu reconheça as dificuldades para se formular relações entre os planos micro e macro da representação política, deixar de lado o plano micro requereria o estabelecimento de critérios outros para se aferir a representatividade dos arranjos institucionais, e isto a autora não faz.

Entendo que solução adequada implica usar dos mesmos critérios para ambos os planos. Portanto, o sentido forte da representação, antes referido, nos permite formular uma terceira proposição, com base na citação de Pitkin — porém em oposição a ela: *quanto mais generalizadas e intensas forem as relações entre os representantes e os representados, maior será a probabilidade de a representação se materializar, e quanto maior for esta probabilidade, mais democrático será o sistema de governo.*

Os sistemas de governo revelam formatos diversos e apresentam diferentes soluções para a questão da representação. Variam os princípios de representação — majoritário, proporcional ou misto —, a natureza e formato dos sistemas partidários, a periodicidade das eleições e as restrições ao sufrágio universal. Há duas dimensões institucionais que importa salientar em virtude de sua estreita conexão com a teoria da representação: cargos eletivos e eleições indiretas.

Eleições indiretas, diante do que se expôs como sendo a representação efetivamente democrática, afiguram-se como mecanismo frágil se se quer viabilizar o conceito de representação aqui exposto, pois reduz a probabilidade de realização da relação isomórfica entre representante e representado, não permite a realização da *expectativa de representação* e torna indireta a responsabilidade, reduzindo, assim, a probabilidade efetiva da representação.

O número e a distribuição pelos vários segmentos do governo dos cargos eletivos existentes se me afigura como dimensão crítica da democracia representativa, pois é atributo essencial de ligação entre os planos micro e macro da representação. Sua centralidade transparece em nossa quarta proposição: *quanto maior for o número de cargos preenchidos mediante a eleição direta e quanto maior o número de tais cargos nos diversos segmentos do governo, maior será a probabilidade de se realizar adequadamente a representação e, conseqüentemente, mais democrático será o sistema de governo.*

Finalmente, há que se referir, a meu ver, ao aparente dilema entre representação efetiva e representação virtual. A distinção, como vem sendo afirmado, é certamente útil, no sentido analítico. No entanto, sua justificativa ético-política reside no fato de que se vinculam a diferentes concepções de democracia, isto é, integram-se adequadamente, cada uma delas, a diferentes contextos político-ideológicos. A representação virtual, por exemplo, é certamente mais coerente com a visão elitista da ação política. Já o mandato imperativo é expressão clara da impossibilidade de exercício direto do poder; neste caso, admite-se a representação como melhor alternativa à democracia direta.

São visões opostas de como viabilizar a democracia representativa, mas não são formas conceitualmente irreconciliáveis, embora, na prática, sejam mais ou menos bem implementadas dependendo das conexões que tenham com outras dimensões do sistema de representação, como por exemplo: eleições diretas ou indiretas para o Executivo e princípio de representação, sobretudo.

A questão central parece-me ser — do ponto de vista da teoria democrática — verificar-se se e quando se justificaria a ação política baseada no mandato virtual. O argumento até agora desenvolvido, e expresso em três das nossas proposições, impede que o mandato virtual se efetive na relação representante-representado e, ainda, requer a generalização e a intensidade da representação como atributos do sistema político democrático. No entanto, há que se reconhecer que o grau de representatividade das instituições de governo e do sistema político como um todo é conseqüência "não de uma única ação de qualquer dos participantes, mas sim da estrutura geral e do funcionamento de todo o sistema, dos padrões que emergem resultantes da ação de muitas pessoas", como bem assinala Pitkin.[65]

Admitindo que o conflito de interesses permeia toda, e sistematicamente, a ação política, entendo ser possível indicar conceitualmente sob que condições se justificaria a representação virtual: sempre que, a juízo do representante, estiverem em oposição aos interesses de seus constituintes — tal como por ele percebido — interesses mais gerais, do ponto de vista da centralidade da questão *sub judice* e da dimensão da população alvo; se e quando a decisão não puder atender satisfatoriamente aos interesses específicos e aos interesses gerais. Nesse caso, o que estou claramente propondo é o deslocamento da perspectiva mediante a qual se avaliaria a representatividade, da ótica de uma eventual minoria para uma coletividade maior; este deslocamento é justificado pelo interesse igualmente mais amplo.

Trata-se, assim, de justificativa ético-política para o afastamento, por parte do representante, da defesa e ação em benefício dos interesses de seu eleitorado em face de interesses socialmente aceitáveis. De toda forma, reconheço ignorar solução mais adequada, pois a dualidade e a tensão entre propósitos (intenções) e institucionalização é inerente à ação política.

Creio que as proposições gerais aqui formuladas, associando representação e democracia nos planos micro e macro, possuem tanto um sentido heurístico como prescritivo, uma vez que permitem a comparação de democracias existentes quanto ao seu teor democrático e, simultaneamente, contêm princípios que, se e quando implementados, conduzem ao aperfeiçoamento do indivíduo e da sociedade politicamente organizada, recuperando ideais da democracia desenvolvimentista freqüentemente ignorados pelo liberalismo.

A sincronia de representatividade nos planos micro, institucional e sistêmico, embora signifique ganhos em grau de democracia, não resolve todos os problemas relacionados à participação democrática. Não é solução, por exemplo, para a temporalidade das decisões públicas.

Tanto Jefferson quanto Alencar chamaram a atenção para o fato de que toda geração tem o direito de se fazer representar, para que se evite a tirania antecipada. Este fenômeno se revela com toda a intensidade quando se trata de decisão política com efeitos prolongados no tempo. Uma área particularmente crítica é a do bem-estar social, como bem mostra Thompson:

> A responsabilidade requer que os legisladores expliquem suas ações para os cidadãos que eles representam. Oferecer razões é parte do que ser responsável significa; é requisito do ser eleito. Porém, a natureza do bem-estar social coloca um dilema para a responsabilidade democrática. Para justificar decisões sobre bem-estar, os representantes devem considerar as preferências dos cidadãos. *Porém estas preferências formuladas em certo momento não se constituem em base adequada para justificar a política de bem-estar.* As teorias ortodoxas da representação não oferecem meios para lidar com esse problema; uma teoria satisfatória deve assumir uma abordagem diferente. Em lugar de buscar justificativa *apenas nas preferências dos cidadãos em um momento particular*, devemos examinar o processo legislativo no qual ocorrem as justificativas (grifos meus).[66]

Por conta dos efeitos temporalmente prolongados da política de bem-estar social — que tipifica exemplarmente as dificuldades em garantir representação às várias gerações —, o autor propõe que se dê maior visibilidade ao processo legislativo, permitindo uma ampla discussão de valores e princípios, inclusive daqueles vinculados às diversas concepções de representação. Com isto, Thompson entende que as razões oferecidas como explicação para o cidadão seriam "gerais, públicas e autônomas".

Ora, não há dúvida de que a transparência do processo legislativo é requisito de processo decisório democrático; e, igualmente, o apelo a razões com os atributos acima mencionados faz parte também da decisão democrática. Mas, tais elementos só servem de parâmetro para a responsabilidade da representação política e não para o "re-presentante" propriamente dito.

De novo, não creio que haja solução adequada que permita fazer com que políticas de médio e longo prazos sejam representativas dos interesses gerais prevalecentes, isto é, estejam em sintonia, no tempo, com as diversas gerações, pois sua própria natureza requer estabilidade para que produzam os efeitos esperados e desejáveis. Nesse sentido, eleições freqüentes, consultas populares e mandatos curtos, por exemplo — que seriam mecanismos que indiretamente garantiriam representatividade à política em curso —, introduziriam um grau de incerteza na execução da política e poderiam até mesmo inviabilizá-la.

Apenas a sensibilidade política dos governantes e o debate público poderiam funcionar como mecanismos de legitimação dos resultados intertemporais de decisões passadas, através do exercício regular da competição política, o que implica evidenciar que, diante de certas questões, a vinculação da representação ao ato eleitoral não é, reiterando, condição suficiente da efetiva representação política em seu sentido forte; é apenas condição necessária. Por isso, a democracia representativa só tem a ganhar com a incorporação e utilização freqüente de mecanismos de exercício semidireto do poder, tais como o referendo, o plebiscito e a iniciativa popular. Tais mecanismos servem como balizadores do estado da opinião pública sobre questões consideradas controversas pelos governantes e, conseqüentemente, tornam mais democrática a decisão pública.

III. Sistemas eleitorais: princípios de representação, conceitos e efeitos políticos

Recorrendo a um diagrama extremamente simples, Giovanni Sartori sintetiza a evolução das relações políticas existentes dentro do governo, entre este e os partidos e, através dos partidos, entre o governo e a sociedade politicamente organizada. Já no século XVIII foram dados os primeiros passos para o surgimento da democracia parlamentar; o governo — o primeiro-ministro e até mesmo os ministros individualmente — passou a responder politicamente ao Parlamento. As responsabilidades do governo, no entanto, só se ampliariam em decorrência de forças exógenas a ele.[1]

Na seqüência da primeira onda de ampliação das franquias eleitorais, os partidos, até então com base puramente parlamentar, passaram a se orientar em função do processo eleitoral. A solidificação dos partidos ocorreu com a implantação do sufrágio universal. A etapa subseqüente supõe o "governo de partidos", em que o Executivo é responsável perante o Parlamento e o governo e os partidos o são perante a sociedade. Essa transformação implicou, por um lado, a ampliação do número e tipo de atores políticos envolvidos direta ou indiretamente no processo governamental e, de outro, a diversificação e o adensamento das relações políticas. O governo, antes apenas responsável — isto é, passível de ser responsabilizado —, passa também a ser "responsivo", vale dizer, sensível às forças externas.

No capítulo anterior, examinei as teorias e os dilemas da representação política e concluí elaborando proposições que permitem uma avaliação do desempenho de sistemas políticos no que se refere ao seu teor democrático. Duas das proposições ali formuladas são de interesse particular para o entendimento das principais questões associadas à natureza e às conseqüências políticas do sistema eleitoral, a saber:

a) a representação política será tanto mais intensa quanto mais os diversos sentidos associados ao representar se fizerem presentes, e quanto mais freqüente for esta presença: quanto mais intensa e generalizada for a representação, mais democrática será ela;

b) quanto maior for o número de cargos públicos preenchidos por intermédio de eleição direta e quanto maior o número de tais cargos nos diversos segmentos de governo, maior será a probabilidade de se realizar adequadamente a representação e, conseqüentemente, mais democrático será o governo.

O sistema de representação política não se reduz, no entanto, à questão da natureza, do conteúdo da representação. Questões igualmente relevantes referem-se a quem se faz representar, como se efetiva legalmente a representação e que conseqüências políticas advêm da forma mediante a qual esta se materializa. Tais indagações definem a pauta que examinarei a seguir.

Antes, cabe precisar os padrões de evolução que levaram o governo a deixar de ser responsável apenas perante o Parlamento e passasse também a ser "responsivo" em face da sociedade. Stein Rokkan identifica dois modelos básicos de mudança política que teriam viabilizado, onde e quando isto ocorreu, o ideal democrático de "um homem, um voto, um valor": o tipo ideal e o tipo revolucionário.[2]

O primeiro envolveria cinco fases, a começar por um estágio pré-revolucionário que incluiria o reconhecimento, implícito ou explícito, de pertencimento a um estado corporativo como condição de cidadania política. Segue-se um período de padronização crescente das regras de franquia eleitoral, tipificado pelas Revoluções Americana e Francesa; trata-se de regime eleitoral censitário, no qual haveria a igualdade política para aqueles que votavam sob os critérios de propriedade ou de renda.

A primeira fase de mobilização implica a extensão do sufrágio, porém com a manutenção da desigualdade, sobretudo através do voto múltiplo. A seguir, conquista-se o sufrágio masculino, sem desigualdades internas no corpo eleitoral assim constituído; e, finalmente, atinge-se a mobilização eleitoral plena, com o sufrágio universal, admitida tão-somente a restrição de idade mínima para o exercício do voto.[3]

O modelo revolucionário pode ser exemplificado pela França (1789-93), onde se passou do regime de representação de estados diretamente para o sufrágio universal masculino, sob o critério de um mínimo de seis meses de residência no local do voto. Em 1815 rompe-se o padrão do sufrágio universal e o país retorna ao regime censitário. Em 1848, há o retorno ao sufrágio universal masculino.

As referências à evolução do sufrágio universal e às proposições acima sobre o teor democrático do sistema de representação apontam inequivocamente para o ideal — em uma perspectiva micropolítica — de "um homem, um voto, um valor", princípio que supõe, portanto, o sufrágio universal, sem restrições de qualquer natureza exceto o critério idade, e a igualdade política dos cidadãos-eleitores, isto é, o voto de todos e de cada um possui o mesmo valor. Seguem-se duas proposições:

a) uma eleição será tanto mais democrática quanto maior for o corpo eleitoral; no limite, o corpo eleitoral se constituirá de todos aqueles que podem ser afetados pelas decisões públicas;
b) será ainda mais democrática quanto menores forem as desigualdades prevalecentes no sistema eleitoral que atribuem valor diferente ao voto; no limite, o voto de todos e de cada um deverá ter o mesmo valor.

Estas duas proposições orientarão grande parte da discussão que empreenderei sobre a natureza do sistema eleitoral e seus elementos críticos. A premissa central sobre a qual elas se apóiam tem a ver com o princípio básico do estado de direito, segundo o qual, perante a lei, todos são iguais; conseqüentemente, devem ser igualmente tratados pela norma jurídica. Trata-se de princípio elementar de justiça distributiva, que impede que o governo (a lei) trate de maneira desigual preferências livremente formuladas no contexto eleitoral.[4] O processamento técnico das preferências eleitorais deve se dar de tal forma que a cada voto individual deve ser atribuído, no cômputo geral dos resultados, o mesmo valor.

Examinarei, em primeiro lugar, os princípios gerais que regem a representação política; a seguir, os conceitos básicos associados à lei eleitoral, no sentido estrito e, finalmente, os efeitos políticos da legislação eleitoral.

1. Os princípios de representação política

A função primeira a ser exercida pelo Parlamento, embora sem que ocorresse, à época, a franquia eleitoral plena, consistiu na integração política da população ao governo central. É natural, assim, que a prática inicial da representação se fundamentasse na dimensão territorial e tratasse, dentro de um distrito eleitoral, de representar a maioria — ou a maior minoria — com vistas a legitimar o exercício da função governamental original, isto é, a arrecadação de impostos e a defesa territorial. Como marcam Bogdanor e Butler,

> (...) o sistema de pluralidade achava-se profundamente relacionado à noção de representação territorial. Os membros do Parlamento não representavam segmentos de opinião, nem obviamente partidos, mas distritos. Atuavam como defensores dos seus respectivos distritos buscando a correção de injustiças antes de comprometê-los ao pagamento das despesas do governo.[5]

Foi essa a preocupação dominante durante o século XVIII e grande parte do século XIX. Observe-se, portanto, que as atenções durante o período estavam voltadas para o exercício legítimo da função governamental: o princípio político essencial para vincular a população ao governo consistia em *no taxation without representation*, elemento ideológico justificador, inclusive, da rebelião das colônias norte-americanas inglesas contra a metrópole.

Assim, os princípios de representação majoritário e o de pluralidade vinculam-se historicamente à função governativa. Foi apenas na segunda metade do século XIX que os princípios de representação passaram a ser discutidos e comparados em decorrência de sua dupla função: formar governo e constituir representação. Para tanto, contribuíram profundamente a ampliação das franquias eleitorais e o surgimento dos partidos de massa, que trouxeram consigo a necessidade do reconhecimento das diferenças existentes no corpo eleitoral — agora ampliado — e, conseqüentemente, na própria sociedade política.

Mesmo assim, nos momentos de elaboração conceitual mais aprofundada, a controvérsia em torno das vantagens e desvantagens dos dois princípios polares de representação esteve sempre marcada pelo exercício das funções de governo. Exemplo disto é a controvérsia entre John Stuart Mill e Bagehot que, divergindo fundamentalmente sobre as atribuições do Parlamento,[6] optaram por princípios de representação distintos. O primeiro, por entender que a função do Parlamento deveria ser eminentemente consultiva, defendia a representação proporcional — como espelho da sociedade —, e o segundo, por atribuir função de governo ao corpo legislativo, defendia o princípio majoritário. Maurice Duverger contrasta as duas posições, embora com certa ingenuidade analítica:

> Se o objetivo é formar um governo forte e estável, capaz de tomar decisões no decorrer de toda uma legislatura, o sistema de pluralidade é o melhor método. Se o objetivo é formar uma assembléia consultiva que expresse todas as nuanças de um país, a representação proporcional é claramente preferível...[7]

As críticas feitas aos sistemas majoritário e de pluralidade de representação são geralmente elaboradas a partir do modelo oposto, de representação proporcional: fabricam-se maiorias, penalizam-se os partidos menores em favor dos partidos eleitoralmente maiores[8] e parcelas significativas da população são deixadas sem representatividade.[9]

Uma vez que tais críticas são, de fato, definitivas — e a literatura recente só as tem corroborado, embora com sofisticação analítica crescente — entendo que cabe analisar com mais detalhe o modelo de representação proporcional, assumindo que ele, do ponto de vista da representação política — e não necessariamente do de formar governo —, é superior ao modelo majoritário.

Com freqüência, associam-se à representação majoritária méritos tais como formar governo capaz de tomar decisões rápidas e ser indutor da estabilidade política. Suspeito que tais méritos propalados pelos defensores desse modelo se constituem, de fato, em opiniões que não encontram respaldo na empiria da análise comparativa. Tais questões serão objeto de análise no capítulo IV.

Segundo Alencar, "o voto é o elemento da soberania; a representação, o meio de concentrar a vontade nacional para a organização do poder público".[10] Esta simples frase indica o caminho adequado para se analisar o teor democrático dos modelos de representação porque definitivamente ancorado na soberania popular.

Em seção que intitulou de "Traço da obra", Alencar[11] identifica o principal critério por intermédio do qual podem ser avaliados os sistemas eleitorais: a perfeita e justa delegação de soberania, elemento ao qual voltarei adiante.

> A ciência do governo se resume no princípio da representação; base de que decorre toda a constituição do Estado; raiz e tronco da organização política. Quando as nações atingem o escopo de uma perfeita e justa delegação de soberania, será então a democracia uma bela realidade.[12]

O sistema representativo deve, ainda segundo o mesmo autor, ser portador dos seguintes elementos que indicariam seu caráter democrático: soberania nacional, democracia direta e governo popular e ausência de exclusão de fração de opinião pública.

Qualquer tentativa de interpretação do pensamento de Alencar só viria violentá-lo, dada sua clareza; cabe somente citá-lo:

> O poder legítimo emana juridicamente da soberania nacional, e esta se gera da vontade de todos; por conseguinte a constituição fundada sobre esse princípio é infalivelmente democrática.
>
> A representação, já que se tornou impraticável a democracia direta, deve reproduzir com a maior exatidão possível essa função ampla do governo popular;
>
> (...) que se restitua a eleição ao seu justo caráter. Ela deve ser não um julgamento peremptório em favor da maioria, mas mero processo pelo qual , em política, as diversas opiniões do país conferem sua faculdade pensante a inteligências capazes de promover seus legítimos interesses.[13]

A rejeição de exclusões no processo de formação da representação política encontra-se no cerne da defesa que Stuart Mill faz do proporcionalismo enquanto forma ideal. Isto porque, na verdade, ao longo de vários escritos, por razões puramente fenomênicas, o autor admite certas exclusões:

> Esta democracia representativa, tal como delineada, é representativa de todos, e não apenas da maioria. Nela, os interesses, as opiniões, os graus de inteligência — que são incontáveis — seriam ouvidos e teriam oportunidade de obter influência por conta do caráter e força do argumento que não corresponderia à sua força numérica. Esta democracia, que é a única igualitária, estaria livre dos grandes males existentes naquelas que hoje são falsamente chamadas de democráticas, e a partir das quais a idéia de democracia tem sido unicamente derivada.[14]

A medida exata da democracia implica, assim, igualdade e imparcialidade.[15] O pacto de comprometimento do cidadão é uma via de mão dupla: se, por um lado, cabe-lhe pagar impostos e lutar em defesa da pátria, para que seu consentimento seja obtido, por outro, deve o cidadão ser ouvido, votar e participar na formação do governo e constituindo sua representação.

Destaco a igualdade dos cidadãos como o elemento crucial para a determinação do teor democrático da representação, quanto mais não seja porque é precisamente a igualdade perante a lei eleitoral o princípio mais elementar do estado de direito, que bane *in limine* a arbitrariedade da autoridade pública. Acresce que o "tratamento igual das preferências dos cidadãos", isto é, das preferências eleitorais, é elemento indissociável do governo democrático.

O contexto eleitoral — no mundo da democracia de massas — envolve dois atores, o cidadão-eleitor e o partido político. À lei cabe incorporar o princípio de igualdade de tratamento para com o eleitor e para com o partido, com o objetivo de atingir na plenitude o ideal democrático de "um homem, um voto, um valor".

O regime proporcional tem por objetivo conferir aos partidos representação parlamentar equivalente à proporção dos votos válidos obtidos numa dada unidade eleitoral. Este objetivo, na prática, dificilmente pode ser realizado por completo, existindo várias fórmulas diferentes de maximização da proporcionalidade.[16]

Por conseguinte, o sistema eleitoral será tanto mais democrático quanto maior for o tratamento igualitário conferido aos eleitores, individual e coletivamente, e aos partidos. A igualdade do voto, no interior e através das unidades territoriais onde a eleição é disputada, e o grau de proporcionalidade resultante do processo de alocação de cadeiras aos partidos constituem-se nos indicadores empíricos da densidade democrática dos sistemas eleitorais.

2. Conceitos básicos: a eleição parlamentar democrática

Eleições servem a dois propósitos conceitualmente diversos que, empiricamente, podem estar associados: formar governo e constituir representação, objetivos que podem, no entanto, ser atingidos simultaneamente, dependendo do sistema de governo adotado. No caso do parlamentarismo, a eleição originariamente constitui a representação política: elege-se o Parlamento que, por sua vez, institui, através do partido majoritário — isoladamente ou em coligação com outros partidos — o governo, o Executivo. Já no presidencialismo, as eleições, embora possam ser realizadas simultaneamente, indicam separadamente o chefe do Executivo e compõem o órgão legislativo.

O sistema eleitoral inclui diferentes dimensões que se referem à base territorial onde ocorre a eleição (o distrito, a circunscrição eleitoral): os níveis territoriais da escolha eleitoral, quando a escolha ocorre em mais de uma base territorial; a extensão da franquia eleitoral; os partidos habilitados a concorrer e a disputar a representação política; as alternativas de que dispõe o eleitor; a padronização de procedimentos e a proteção da liberdade de escolha; os procedimentos de cálculo.

Nesse sentido, as "eleições são procedimentos institucionalizados para a escolha dos detentores do poder por parte de alguns ou de todos os membros reconhecidos de uma organização".[17]

O sistema eleitoral compreende um conjunto de normas abrangentes que, de forma sintética, regulam as dimensões acima apontadas; já as leis eleitorais *stricto sensu* são "aquelas que governam os processos mediante os quais as preferências eleitorais são articuladas como votos e estes são transformados em distribuições de autoridade governamental (tipicamente cadeiras parlamentares) entre os partidos políticos".[18]

Ainda segundo Rae, três são os principais elementos definidos pela lei eleitoral: o primeiro inclui a especificação do papel do eleitor, isto é, o tipo de voto, se categórico ou ordinal. O voto é categórico quando cabe ao eleitor apenas indicar o candidato (ou o partido) de sua preferência; é ordinal quando a norma lhe permite ordenar candidatos (e partidos) de um mesmo partido (ou de partidos diferentes) de acordo com a sua preferência.

O segundo elemento — o distritamento — estabelece uma relação entre a base territorial e o tamanho da representação a ser eleita. Neste caso, há distritos uninominais, quando ao eleitorado do distrito cabe eleger um único representante; ou distritos multinominais, quando o número de representantes a serem eleitos for igual ou superior a dois. Trata-se da dimensão magnitude do distrito.

Finalmente, o terceiro elemento refere-se à fórmula eleitoral — conjunto de procedimentos de cálculo que transformam os votos em poder político institucionalizado —, que é classificada em três tipos básicos: majoritária, de pluralidade e proporcional, conforme operacionalize, nos dois primeiros casos, o princípio de maioria e, no último caso, o princípio de proporcionalidade, examinados na seção anterior.[19]

A magnitude do distrito e a fórmula eleitoral são dimensões críticas no que se refere aos efeitos políticos da lei eleitoral, sobretudo no que tange à conformação do sistema partidário, e serão objeto de análise, com base nas investigações comparativas realizadas até o presente momento, da seção subseqüente.

No entanto, dada a centralidade das fórmulas eleitorais, cabe examinar mais de perto sua variação fenomênica e sua relação com o princípio da proporcionalidade. O trabalho de José Giusti Tavares, por sua abrangência, nos permite classificá-las segundo o seu potencial em realizar o ideal da proporcionalidade entre votos e cadeiras. O autor argumenta com muita procedência que, embora os princípios de representação — majoritário e proporcional — se constituam em alternativas polares que se excluem antiteticamente, os sistemas eleitorais são melhor compreendidos na medida em que sejam situados em um *continuum,* tendo em vista o grau de desproporcionalidade resultante da alocação de cadeiras aos partidos.[20]

É preciso ter claro que o ideal de representação proporcional é aquele em que todo e qualquer partido obtém uma proporção de cadeiras igual à de votos. Qualquer desvio dessa situação significa desproporcionalidade concentradora, que favorece os maiores partidos, e se constitui precisamente na variável que permite ao autor hierarquizar os sistemas eleitorais, desde aqueles que possuem maior impacto concentrador até os que mais se aproximam da representação proporcional integral.

A escala elaborada por Tavares inclui 35 posições e 38 tipos de sistemas eleitorais (nos quais a fórmula eleitoral é elemento crucial, mas não o único). Quanto às fórmulas, são 14 exclusivamente majoritárias, 2 mistas e 22 proporcionais.[21] Os tipos de sistemas eleitorais incluem os majoritários extremos, os de sufrágio uninominal, os semi-proporcionais, os mistos e os proporcionais. Os primeiros são aqueles que exercem, em maior grau, o efeito concentrador, e os últimos os que maximizam a proporcionalidade entre votos e cadeiras.

Do ponto de vista da eleição enquanto mecanismo constituinte da representação política, quanto maior a proporcionalidade efetivada pela lei eleitoral, mais democrático será o sistema eleitoral. Primeiro, porque tratará com igualdade os partidos políticos, independentemente de sua força eleitoral; e, segundo, porque será menos excludente, no sentido de não negar representação política às parcelas do eleitorado que tiverem optado por partidos que vierem a se revelar como eleitoralmente menores. Não negar representação política aos segmentos sociais eleitoralmente minoritários e tratar igualmente a todos os partidos, representando-os na medida justa de sua força eleitoral, constitui o que entendo por justiça distributiva.

Finalmente, cabe indagar sob que condições, em eleições parlamentares, se realiza o ideal democrático de "um homem, um voto, um valor". Trata-se, em última instância, de verificar a igualdade do voto, o que ocorrerá quando a todo e qualquer voto corresponder uma fração igual e constante de representação, ou seja, não houver desperdício de voto. Primeiro, nenhum eleitor ficará sem se fazer representar; e, segundo, o valor de todo e qualquer voto será o mesmo para a eleição de todo e qualquer representante.

Como a representação é formada simultaneamente em vários distritos eleitorais, duas outras condições se impõem para que o voto tenha igual valor. A magnitude da representação a ser eleita deve ser a mesma em todos os distritos e, além disto, o tamanho do colégio eleitoral dos vários distritos deve ser o mesmo.

Se estas três condições são admitidas como indispensáveis para a realização do ideal democrático, resulta que apenas as fórmulas proporcionais são efetivamente democráticas e, mais ainda, quanto mais proporcionalizante for a fórmula, mais democrática será a eleição constituinte de representação política. Em resumo, três são as condições da eleição parlamentar democrática:

- fórmula que tendencialmente se aproxime da proporcionalidade perfeita;
- magnitude da representação constante e diferente de um em todos os distritos (circunscrições) eleitorais;
- colégios eleitorais distritais de igual tamanho.

Acrescente-se, é claro, a tais requisitos o sufrágio universal, a garantia da liberdade de escolha por parte do eleitor e a lisura do pleito. Na próxima seção, examinarei os efeitos políticos da legislação eleitoral, sobretudo no que se refere à centralidade da fórmula eleitoral e da magnitude do distrito na conformação do sistema partidário.

3. O sistema eleitoral e suas implicações para o sistema partidário: o estado da arte

As "leis sociológicas" de Maurice Duverger inauguraram, há mais de 40 anos, uma tradição das mais fecundas na análise eleitoral e se constituem, ainda hoje, em ponto nodal de reflexão. O próprio autor, ao longo de pouco mais de 30 anos, reiteradamente delas tratou em sua obra.[22] Ora se referindo a elas como leis, ora apenas como tendências de base, os princípios de Duverger — que só muito posteriormente vieram a ser adequadamente tratados e testados como hipóteses, conforme veremos — podem ser assim sintetizados:

- a representação proporcional tende a um sistema de partidos múltiplos, rígidos e independentes;
- o escrutínio majoritário de dois turnos tende a um sistema de partidos múltiplos, flexíveis e independentes;
- o escrutínio majoritário de um único turno tende ao dualismo dos partidos.

O efeito preconizado por Duverger sobre o formato do sistema partidário, sob a ótica do número de partidos, é, assim, inteiramente atribuído à fórmula eleitoral, de natureza proporcional ou majoritária, em um ou em dois turnos; neste último caso o efeito sobre o número de partidos coincide com aquele resultante da aplicação do princípio de representação proporcional.

Às diversas modificações feitas pelo próprio autor no enunciado das três leis, acrescente-se um número elevado de críticas pelas quais elas passaram, tanto de fundo conceitual quanto metodológico. Sartori é particularmente incisivo ao apontar para a confusão terminológica — uma vez que dualismo partidário, bipartidarismo real e bipolarização seriam termos intercambiáveis, segundo Duverger —, para a ausência de definições claras e para a não-existência de critérios que permitissem a contagem inequívoca do número de partidos.[23] Embora o autor tenha sofrido críticas generalizadas que, no mais das vezes, são bastante adequadas, vale ressaltar que a preocupação fundamental de associar fórmula eleitoral e número de partidos, ainda que com imprecisão conceitual e fragilidade metodológica para examinar essa associação, inaugurou tradição analítica riquíssima, mesmo quando se reconhece não ter sido, de fato, de Duverger a primeira formulação a respeito, pelo menos no que tange ao efeito do voto plural em um único turno.[24]

A codificação dos efeitos políticos da legislação eleitoral deve-se a Douglas W. Rae em *The Political Consequences of Electoral Laws*.[25] Considerando que as leis eleitorais definem os mecanismos através dos quais as preferências eleitorais são traduzidas em poder político institucionalizado, o autor centra sua análise no maior ou menor grau de isomorfia existente entre resultados eleitorais e distribuição de cadeiras, assumindo, portanto, que os atributos do sistema partidário no plano eleitoral não são necessariamente os mesmos do sistema no plano parlamentar. A conseqüência política da lei eleitoral, a que Rae dá mais atenção, consiste no efeito concentração-dispersão de poder político, comparados os dois planos antes mencionados, em que pese a saliência dos fatores fórmula eleitoral e magnitude do distrito.[26]

O exame das proposições analisadas por Rae permite classificá-las em dois grupos: aquelas que supõem um efeito semelhante, isto é, partilhado pela lei eleitoral em geral; e aquelas que apontam para um efeito diferencial, que discrimina internamente as leis quanto a seus efeitos sobre o sistema partidário. Dentre as proposições com efeito similar (que são sete) destaco as seguintes:

a) "o efeito da lei eleitoral sobre as posições competitivas dos partidos políticos nas legislaturas é marginal, se comparado ao efeito dos resultados eleitorais";[27]
b) os sistemas eleitorais tendem a atribuir quotas de cadeiras parlamentares mais que proporcionais aos partidos com quotas maiores de votos, e a atribuir quotas de cadeiras menores aos partidos que obtiveram quotas menores de votos;
c) a maior parte das maiorias parlamentares obtidas por um único partido são fabricadas;
d) os sistemas eleitorais reduzem os sistemas partidários parlamentares."[28]

Estes são os principais resultados obtidos por Rae em sua análise de sistemas eleitorais de 20 democracias ocidentais, referentes a eleições realizadas entre 1945 e 1965, no que tange aos efeitos similares, e portanto gerais, de toda e qualquer legislação. Trata-se, é claro, de postular de maneira diferente o efeito concentrador exercido pela legislação eleitoral quando votos (porcentagem ou proporção) servem como base para a alocação de cadeiras (porcentagem ou proporção) aos partidos em competição; a legislação acaba por conceder um bônus em cadeiras aos partidos maiores — de tal ordem, com freqüência, que as maiorias parlamentares obtidas por um só partido são inteiramente artificiais —, penalizando, nesse processo, os partidos com votação menor que, no limite, podem ser privados de representação. A proposição (d) sintetiza tais conseqüências ao enunciar que o sistema partidário resultante (o parlamentar) é reduzido, passando a contar com um número de partidos inferior àquele que competiu eleitoralmente.

Essas conseqüências são, certamente, mais gerais do que aquelas previstas por Duverger e analisadas por Rae à luz do que este define como efeito diferencial das leis eleitorais. Destaco, novamente, as proposições mais significativas entre as 13 feitas por Rae; em alguns casos associo proposições que, originalmente, foram formuladas em separado:

a) a vantagem relativa dos partidos eleitorais fortes sobre os partidos fracos, que ocorre em todos os sistemas eleitorais, tende a ser maior sob fórmulas de pluralidade e de maioria do que sob fórmulas de representação proporcional; conseqüentemente, as primeiras dão vantagem maior aos maiores partidos do que as fórmulas de representação proporcional;

b) fórmulas de representação proporcional alocam cadeiras de maneira mais proporcional do que aquelas de pluralidade e de maioria; estas últimas tendem a negar representação a um número maior de partidos menores do que o fazem as fórmulas proporcionais;

c) sistemas de representação proporcional tendem a se associar mais a sistemas partidários eleitorais e parlamentares mais fracionalizados do que ocorre com os sistemas de pluralidade e majoritário;

d) a proporcionalidade com a qual as cadeiras são alocadas cresce à medida que aumenta a magnitude dos distritos eleitorais: quanto maior for a magnitude, maior será a proporcionalidade; esta relação, no entanto, é curvilínea, isto é, conforme cresce a magnitude do distrito o desvio entre proporção de votos e de cadeiras decresce a taxas cada vez menores.[29]

A formulação e verificação desses dois subconjuntos de proposições implicaram, em primeiro lugar, acentuado avanço teórico-metodológico, se os resultados são comparados com a formulação de Duverger: os conceitos são claramente definidos e mensurados, tanto os fatores independentes quanto os efeitos resultantes. Além disso, Rae introduz um fator novo e crucial como determinante do grau de proporcionalidade da alocação de cadeiras: a magnitude do distrito eleitoral, isto é, o número de representantes eleitos por determinada unidade territorial.

Isto significa que não se está mais diante de uma relação bivariada, na qual a fórmula eleitoral (proporcional, de pluralidade ou majoritária) condicionaria o número de partidos existentes, mas sim diante de uma dupla determinação em que fórmula eleitoral e magnitude do distrito afetariam o número de partidos. Além disso, o conceito (e medida) de proporcionalidade na alocação de cadeiras constitui-se em fator interveniente entre fórmula e magnitude, de um lado, e número de partidos, de outro.

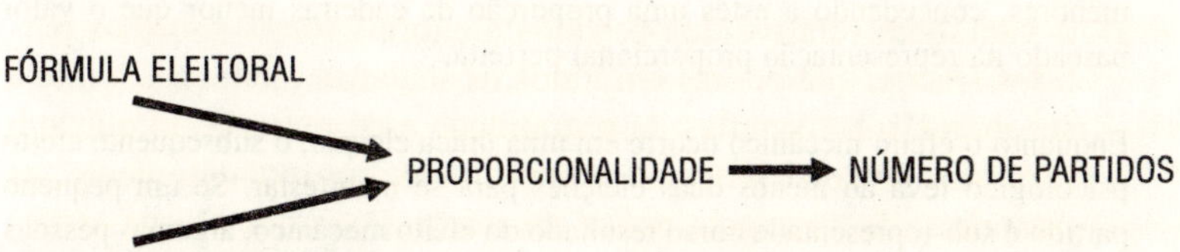

Os efeitos da fórmula eleitoral e da magnitude do distrito são marginais quanto ao seu impacto no sistema partidário, cujo formato é, em última instância, determinado pela distribuição real das preferências manifestadas através do voto pelo eleitorado.

A partir do final dos anos 80 os princípios gerais de Duverger e o admirável trabalho de Rae foram sistematicamente submetidos a análises rigorosas que revelam um considerável avanço analítico. Em primeiro lugar, os estudos mais recentes indicam tratamento conceitual e metodológico altamente refinado, como veremos; em segundo lugar, estendeu-se consideravelmente a base de dados utilizada; em terceiro, ampliou-se o âmbito teórico das proposições centrais que, atualmente, são testadas levando-se em conta outras dimensões institucionais do sistema político, vistas como dimensões contextuais críticas e em interação com os determinantes básicos do sistema eleitoral. Conseqüentemente, as proposições efetivamente verificadas ganham em precisão quando se trata de identificar e mensurar os efeitos políticos dos sistemas eleitorais.

Refiro-me a três trabalhos seminais: *Seats and Votes. The Effects and Determinants of Electoral Systems*; "The political consequences of electoral laws"; e, *Electoral Systems and Party Systems. A Study of Twenty Seven Democracies, 1945-1990.*[30] Os títulos dos dois livros e do artigo indicam claramente a centralidade ainda hoje do magistral estudo de Rae publicado em 1967.

Taagepera e Shugart contextualizam os possíveis efeitos dos sistemas eleitorais afirmando que eles não surgem no vácuo: resultam do conflito e do debate políticos, espelhando, assim, a política no seu conjunto e no momento de sua elaboração. E mais ainda, tendem a ser alterados quando suas cláusulas são vistas como restritivas da atividade política.[31] Os autores reinterpretam as "leis" de Duverger apontando para dois efeitos políticos condicionados pela lei eleitoral, dependendo de ser ela mais ou menos permissiva: o efeito mecânico e o psicológico:

> O efeito mecânico de Duverger refere-se à tendência de certas regras eleitorais em atribuir um bônus em cadeiras aos maiores partidos e em penalizar os partidos menores, concedendo a estes uma proporção de cadeiras menor que o valor baseado na representação proporcional perfeita.[32]
>
> Enquanto o efeito mecânico ocorre em uma única eleição, o subseqüente efeito psicológico leva ao menos duas eleições para se manifestar. Se um pequeno partido é sub-representado como resultado do efeito mecânico, algumas pessoas que votaram nesse partido podem deixar de fazê-lo, pois votar nele é um

desperdício do seu voto. Se essa atitude psicológica prevalece, o partido em questão obterá menos votos nas eleições seguintes e será atingido ainda mais fortemente pelo efeito mecânico que, por seu turno, reforçará o efeito psicológico.[33]

O efeito mecânico e o psicológico têm, respectivamente, conseqüências imediatas e no médio prazo. O efeito mecânico, imediato, é concentrador na medida em que aumenta o poder dos maiores partidos — no plano parlamentar — e reduz o poder dos pequenos partidos. Estes, no limite, podem inclusive não obter representação alguma, sobretudo se o sistema dispuser de regra forte de exclusão. Como conseqüência dessa desproporcionalidade (desvio da representação proporcional ideal), o eleitor tende a mudar de partido nas eleições subseqüentes, o que reforçará ainda mais o efeito concentrador da lei eleitoral.

Os testes dos efeitos mecânico e psicológico confirmam as proposições dos autores, acomodando bastante bem a maioria dos casos examinados. No entanto, mostram que o efeito redutor do número de partidos é, em parte, contido pelo número de questões relevantes que perpassam a sociedade, pois o número de partidos existentes depende desse número.

A existência de questões política e socialmente relevantes como fator que se relaciona ao número de partidos eleitorais aponta para uma dimensão que é externa ao sistema eleitoral. Nesse sentido, tais questões condicionam a distribuição das preferências partidárias do eleitorado, o que, como salientou Rae, é o fator decisivo na explicação do número de partidos.

Apesar do impacto da fórmula eleitoral, que trata desigualmente os partidos ao alocar cadeiras, os autores, tal como Rae já havia apontado, mostram que o principal fator para a geração da desproporcionalidade (efeito mecânico) é a magnitude do distrito: quanto maior o número de representantes eleitos na unidade territorial, menor o desvio da proporcionalidade, e portanto, menor o efeito concentrador da distribuição de cadeiras.

Em distritos pequenos, o número de partidos é menor, pois não há espaço para abrigar as diversas tendências, o que não ocorre quando o distrito aumenta. Conseqüentemente, o efeito psicológico será mais acentuado precisamente em distritos de menor magnitude.

Nos distritos de tamanho médio (entre cinco e seis representantes), o desvio da proporcionalidade é médio, se se trata de um sistema multipartidário; o número de partidos é preservado pelo próprio efeito psicológico.

Quando o distrito é grande, o efeito mecânico é mínimo, não ocorre o efeito psicológico e o número de partidos depende do número de questões; se o distrito tende, no entanto, a elevar o número de partidos, no médio e longo prazos haverá aumento do desvio da proporcionalidade (pois haverá mais partidos e sobretudo mais partidos menores).

A análise empreendida por Taagepera e Shugart introduz um elemento inteiramente novo na discussão sobre os efeitos da legislação eleitoral, particularmente quanto ao tamanho do sistema partidário. Refiro-me ao fator *issues* existentes na sociedade enquanto elemento redutor dos efeitos mecânico e psicológico. Embora os autores não tenham dado tratamento conceitual adequado ao problema, seu efeito empírico aponta claramente para a possibilidade de multiplicação dos partidos, seguida de fracionalização do sistema partidário, sob a condição de que a magnitude do distrito seja elevada. A existência de eleições em distritos com um número elevado de representantes é um estímulo decisivo para a sobrevivência dos pequenos partidos se a fórmula de eleição é proporcional. Em tais distritos, como se viu, o desvio da proporcionalidade é menor; portanto, maior a probabilidade de um pequeno partido obter representação política.[34]

Observe-se que a relação entre o número de *issues* e o número de partidos pode ser interpretada em qualquer sentido, isto é: os partidos surgem e ocupam espaços em função das questões politicamente relevantes ou, ao contrário, os partidos é que dão forma e conteúdo a tais questões. Ora, sabe-se que o efeito da lei sobre o número de partidos é marginal, no sentido de que o seu principal determinante é a distribuição das preferências eleitorais que efetivamente serve de base de cálculo para o processo de alocação de cadeiras. Dada a possibilidade lógica de se interpretar a relação entre número de questões e número de partidos em qualquer dos dois sentidos, uma vez que conceitualmente ela não foi precisada, é perfeitamente plausível entender o número de questões politicamente salientes como um fator exógeno ao sistema partidário-eleitoral, como já apontei.

Assim entendo, que, sobretudo em um universo eleitoral em constante expansão por conta do envelhecimento da população, o número de questões, enquanto fator exógeno ao sistema partidário, pode ser indutor da multiplicação de partidos, se e quando os custos de obtenção de cadeiras forem baixos, o que ocorre em distritos eleitorais que elegem grande número de representantes, tal como foi verificado por Taagepera e Shugart.

A desproporcionalidade resultante do processo de alocação de cadeiras é inerente a qualquer combinação de fórmula eleitoral e magnitude do distrito; não há, assim, sistema eleitoral, por mais proporcionalizante que seja seu efeito final, que realize a proporcionalidade perfeita, isto é, a igualdade, no agregado, entre proporção de votos e de cadeiras. Os indicadores empíricos dessa desigualdade são: os bônus em cadeiras para os maiores partidos em detrimento dos menores; as maiorias parlamentares fabricadas por sistemas de pluralidade e de maioria; e a exclusão da representação dos menores partidos.

Tais conseqüências incidem diretamente sobre a distribuição de poder político institucionalizado, especialmente de cadeiras legislativas, dado o efeito redutor do número de partidos quando se passa do plano eleitoral para o plano parlamentar, e também em virtude do processo de transferência de votos resultante dos bônus e penalidades impostos pela fórmula eleitoral e pela magnitude do distrito.

Entender que esses efeitos se limitam à conformação do sistema partidário, independentemente de juízos de valor sobre a qualidade do sistema partidário parlamentar resultante, é posição extremamente ingênua, embora típica de toda a literatura que venho examinando. É erro, inclusive, em que incorrem também os autores que examinarei a seguir. Isto porque essas análises têm sido orientadas apenas pelo comparativismo e pela busca de consistência interna (conceitual e metodológica), sem, no entanto, levarem em conta os resultados obtidos à luz de teorias externas aos sistemas eleitoral e partidário. Refiro-me, especificamente, à teoria da representação política e a princípios mais gerais associados à teoria democrática. Senão vejamos.

As diversas formas de distorção da representação política geradas pelo cálculo eleitoral violam o princípio da soberania popular e da representação nas democracias liberais, pois o ideal da igualdade política perante a lei é desrespeitado, o que atinge os atores essenciais do processo eleitoral — partidos e candidatos, e eleitores.

- aos maiores partidos é atribuída a parcela maior de poder do que aquela efetivamente autorizada pelo eleitorado;
- aos partidos menores é atribuída menor parcela de poder do que a pretendida pelo eleitorado;
- partidos com votações menos expressivas podem até mesmo ter sua representação cassada no cálculo eleitoral.

Partidos e eleitores são penalizados sempre que houver afastamento da representação perfeita, que supõe uma relação de igualdade entre parcela de votos e de cadeiras. A igualdade matemática, é claro, traduz tão-somente o princípio democrático de igualdade que deve prevalecer entre os cidadãos-eleitores e entre os partidos da preferência pessoal e intransferível do eleitor. A igualdade que ressalto, observe-se, é, *stricto sensu*, política, e está desprovida de todo e qualquer conteúdo social. Trata-se, apenas, de igualdade formal perante a lei, o que, de resto, se constitui em princípio indissociável do estado de direito. Assume, no entanto, nítido conteúdo democrático, uma vez que eleitores, partidos e eleições livres e honestas se constituem no pilar básico da democracia representativa e liberal.

Nesse sentido, é correto postular que um sistema eleitoral será tanto mais democrático quanto melhor assegurar a igualdade política dos atores envolvidos no processo eleitoral. Conseqüentemente, quanto mais proporcionalizante for o resultado do processo de alocação de cadeiras, mais democrático será o sistema eleitoral; e porque trata a todos da mesma maneira será mais autêntico e mais legítimo. Nestas condições o ideal democrático de "um homem, um voto e um valor" estará plenamente realizado.[35]

Recentemente, com os trabalhos de Arend Lijphart,[36] os achados pioneiros de Rae e de Duverger são definitivamente consolidados, formulados com precisão e submetidos a uma análise mais rigorosa. Passam a constituir verdadeira teoria de alcance médio.[37] Se até então a base empírica se restringia aos países europeus e a ex-colônias britânicas, agora alguns outros países que gozaram — ainda que por período breve — de um mínimo de estabilidade democrática são incluídos na análise, ampliando a confiabilidade dos resultados.

Se antes Rae estabelecera que fórmulas proporcionais possuem efeito mais proporcionalizante do que fórmulas de pluralidade e de maioria na alocação de cadeiras, retratando, portanto, com mais fidelidade as preferências eleitorais, Lijphart, estabelece que o efeito da fórmula é maior do que Rae supusera e, além disto, consegue ordenar as fórmulas básicas em função de seu efeito proporcionalizante, do efeito mais acentuado ao menor: Sainte-Lagüe, Hare, Sainte-Lagüe modificada, Quota, Imperiali, STV, d'Hondt, pluralidade e maioria.

Também no que se refere ao impacto da magnitude do distrito sobre a proporcionalidade, Lijphart mostra que seu efeito também fora subestimado por Rae, embora este efeito se torne menor quando a fórmula é mantida constante.

O que dizer, então, das conseqüências da fórmula e da magnitude sobre o multipartidarismo, isto é, sobre o número de partidos eleitorais e parlamentares? Considerando o conjunto de fórmulas dentro da família proporcional, o tipo de fórmula não apresenta vínculos com o multipartidarismo, isto é, não há fórmulas proporcionais que levem a um número maior de partidos. A magnitude do distrito e o multipartidarismo estão apenas fracamente relacionados e, ainda, o impacto do grau de desproporcionalidade em relação ao número de partidos também é pequeno no que se refere ao número de partidos eleitorais. Seu impacto é maior sobre o número de partidos parlamentares, porém não no sentido preconizado por Duverger (efeito psicológico), mas sim no de reduzir ligeiramente o número de partidos no Parlamento (supressão da representatividade).

O aspecto mais geral a ser retido consiste, então, no impacto da fórmula eleitoral como possibilitando, ou reduzindo, o tratamento mais eqüitativo das preferências populares expressas em votos partidários e, conseqüentemente, afetando sobretudo o número de partidos parlamentares. Neste caso, no entanto, seu efeito é mínimo. Tais resultados são rigorosamente consistentes com a afirmativa mais geral de Rae, segundo a qual a legislação possui efeito marginal sobre o sistema partidário, se e quando comparada com os impactos produzidos por fatores estruturais e culturais tal como cristalizados na distribuição das preferências eleitorais. Ganha peso, nesse contexto, a proposição empiricamente orientada de que o número de partidos eleitorais se associa ao número de *issues* prevalecentes na sociedade, a que se referiram Taagepera e Shugart. Tem razão Tavares quando sintetiza os efeitos da lei eleitoral:

> Em suma, a conclusão que deve ser extraída do caso belga e de outros semelhantes é a de que sistemas eleitorais podem obstruir ou tolher a criação ou o funcionamento de partidos, novos ou antigos, fazendo-os mesmo desaparecer, mas nenhum sistema eleitoral, incluindo não só o *ballotage* como também a representação proporcional, gera por si só novos partidos ou mesmo todas as condições necessárias e suficientes à sua instituição e ao seu funcionamento. Para lograr esse resultado, condições rigorosamente sociais, que não podem ser substituídas por provisões institucionais, são necessárias.[38]

Em trabalho posterior, após cuidadosa análise multivariada, Lijphart formula o que hoje representa o estado da arte no que se refere às conseqüências do sistema eleitoral sobre o formato do sistema partidário (número de partidos eleitorais e de partidos parlamentares, fabricação de maiorias e desproporcionalidade), retomando, ainda, os efeitos psicológico e mecânico. Quando necessário, usarei a própria formulação do autor para fins de maior clareza.

a) Efeitos psicológico e mecânico sobre o número de partidos:

> O número efetivo de partidos eleitorais é afetado apenas pelos efeitos psicológicos dos sistemas eleitorais — expectativas sobre como os votos serão transformados em cadeiras — enquanto o número efetivo de cadeiras parlamentares é influenciado tanto por tais expectativas (efeitos psicológicos) quanto pelo processo real (mecânico) de transformação de votos em cadeiras. Dito de outra forma, o número efetivo de partidos eleitorais é passível de redução pelos efeitos psicológicos, mas qualquer outra redução do número de partidos efetivos parlamentares em relação ao número de partidos eleitorais deve-se apenas ao efeito de fatores mecânicos.[39]

b) Efeitos psicológico e mecânico sobre maiorias parlamentares fabricadas:

> Os efeitos psicológicos podem desempenhar um certo papel na fabricação artificial de uma maioria ampliando a votação nos partidos maiores, porém o efeito mecânico desempenha um papel crucial. Uma vez que as maiorias parlamentares tanto podem ser efetivamente obtidas quanto fabricadas e que os efeitos psicológico e mecânico podem contribuir para ambas, seus efeitos são muito difíceis de serem isolados.[40]

c) Efeitos da desproporcionalidade sobre o número de partidos parlamentares efetivos e sobre a obtenção de maiorias:

> (...) a hipótese é a de que a desproporcionalidade dos sistemas eleitorais, por meios psicológicos e mecânicos, reduz o número de partidos e aumenta a possibilidade de geração de vitórias do partido majoritário.[41]

Ao efetuar análise de regressão envolvendo os principais indicadores do sistema eleitoral e do sistema partidário, Lijphart aponta para a importância relativa dos fatores determinantes e para que efeitos são melhor explicados. Assim, o fator que é melhor explicado é a desproporcionalidade, se comparada ao número de partidos e à fabricação de maiorias. Conseqüentemente, é este precisamente o fator que é mais passível de alteração, quer pela introdução de fórmulas mais proporcionalizantes, quer pela adoção de magnitudes de distrito médias.[42]

O efeito da utilização do *malapportionment* — uso de magnitudes diferentes dentro de um mesmo sistema eleitoral que não mantém uma mesma razão em relação às populações distritais — introduz, também, distorções no sistema de representação favorecendo os maiores partidos.[43] A distorção se deve, em última instância, ao fato de serem utilizados coeficientes eleitorais diversos nos vários distritos eleitorais que possuem populações diferentes.

Uma última dimensão investigada por Lijphart revela resultados muito interessantes. Trata-se da dimensão "sistemas de governo". O autor verifica que a presença de um sistema presidencialista de governo não afeta em nada as principais variáveis dependentes analisadas: grau de desproporcionalidade, número de partidos eleitorais ou parlamentares e fabricação de maiorias.

Fórmula eleitoral e magnitude do distrito têm, assim, ampliados seus efeitos explicativos sobre o formato do sistema partidário.

4. Sistema eleitoral e democracia

Em *Crise e castigo. Partidos e generais na política brasileira*, Santos identifica os atributos autenticidade e representatividade como requisitos necessários a um sistema eleitoral democrático:

> Por autenticidade entende-se o vínculo que une eleitores e eleitos, que faz com que os últimos sejam legítimos representantes dos primeiros. O que torna um mandato representativo legítimo é, sobretudo, a legalidade de sua conquista, isto é, que tenha sido obtido sem violação das normas jurídicas existentes e com livre concurso do eleitorado.[44]

O respeito ao conjunto da legislação eleitoral e ao conjunto de liberdades que devem acompanhar o processo eleitoral são os elementos essenciais que integram o conceito de autenticidade eleitoral.

Já o conceito de representatividade postulado pelo autor me parece insuficiente como requisito do sistema eleitoral e, sobretudo, do sistema partidário. A idéia de representatividade de Santos reduz-se ao "grau de correspondência entre a distribuição de preferências partidárias entre os eleitores e a distribuição de poder parlamentar entre os partidos".[45] Este critério é, certamente, atributo indispensável, mas tão-somente do sistema eleitoral, uma vez que traduz a isomorfia necessária que viabiliza a igualdade política entre os eleitores e entre os partidos.

O exame dos princípios de representação associados às principais dimensões da legislação eleitoral e de seus efeitos políticos relativos ao sistema partidário permitiu a formulação de um conjunto de proposições que norteou a avaliação do teor democrático das sociedades existentes. Duas delas, provenientes do capítulo anterior, foram assim formuladas:

a) a representação política será tanto mais intensa quanto mais os diversos sentidos associados ao representar se fizerem presentes e quanto mais freqüente for esta presença: quanto mais intensa e generalizada for a representação, mais democrática será ela;
b) quanto maior for o número de cargos públicos preenchidos através de eleição direta e quanto maior o número de tais cargos nos diversos segmentos do governo, maior será a probabilidade de se realizar adequadamente a representação e, conseqüentemente, mais democrático será o governo.

Neste capítulo discuti e justifiquei três proposições que permitem avaliar o teor democrático do sistema eleitoral:

a) uma eleição será tanto mais democrática quanto maior for o corpo eleitoral; no limite, o corpo eleitoral se constituirá de todos aqueles que podem ser afetados pelas decisões públicas;
b) será ainda mais democrática quanto menores forem as desigualdades prevalecentes no sistema eleitoral que atribuem valor diferente ao voto; no limite, o voto de todos e de cada um deverá ter o mesmo valor;
c) quanto maior a proporcionalidade efetivada pela lei eleitoral, mais democrático será o sistema eleitoral. Primeiro, porque tratará com igualdade os partidos políticos, independentemente de sua força eleitoral; e, segundo, porque será menos excludente, no sentido de não negar representação política às parcelas do eleitorado que tiverem optado por partidos que vierem a se revelar eleitoralmente menores.

O sufrágio universal e a igualdade perante a lei são os princípios estruturantes do sistema eleitoral democrático: "um homem, um voto, um valor" constitui, assim, a expressão-síntese e, simultaneamente, o teste efetivo da soberania popular.

IV. Sistemas de governo, desempenho e democracia

Nos capítulos II e III tratei de determinar sob que condições é possível gerar um sistema político democrático do ponto de vista de sua origem. Instituições políticas comumente associadas ao governo representativo foram examinadas, além de terem sido estabelecidas proposições que, simultaneamente, discriminam governos democráticos de outras formas de governo — tendo em vista sua matriz geradora — e permitem a avaliação empírica de seu teor democrático. Adicionalmente, tais proposições contêm elementos que possibilitam a democratização crescente do sistema, isto é, a comparação entre o ideal proposicional e a empiria histórica indica como incrementar o teor democrático do sistema de representação política como um todo. Soberania popular, participação político-eleitoral, eleições transparentes e periódicas e igualdade perante a lei eleitoral para todos os cidadãos eleitores e todos os partidos são os elementos estruturantes de um sistema de representação política verdadeiramente democrático.

Pretendo, a seguir, examinar as formas contemporâneas assumidas pela democracia no que tange ao seu formato institucional orientado pelo mesmo objetivo, qual seja, a busca de critérios e princípios que permitam identificar e avaliar sua natureza democrática, com vistas a estabelecer bases seguras para a comparação, e que possam normativamente orientar o aperfeiçoamento institucional. Este objetivo possui, no entanto, uma dupla face. Trata-se não só de verificar o teor democrático dos sistemas de governo à luz de sua matriz de origem — o sistema de representação —, mas também de discutir seu desempenho em face de critérios freqüentemente utilizados pela literatura contemporânea.

1. A poliarquia e a insuficiência dos critérios dahlsianos

O governo democrático, segundo Robert Dahl, "se caracteriza fundamentalmente por sua aptidão continuada para responder às preferências de seus cidadãos, sem estabelecer diferenças entre eles".[1] Este conceito, reconhece o autor, se refere a um sistema hipotético e como tal revela-se um instrumento útil para medir o grau de aproximação entre os diferentes sistemas existentes e o ideal teórico.

Este reconhecimento marca a reflexão do autor como sendo normativa e empiricamente orientada, em que pese a preocupação dominante de diferenciar o governo democrático de outras formas de governo e de determinar sob que condições se atingiria o ideal predeterminado. Os elementos críticos para a existência de tal governo são a possibilidade de os cidadãos formularem suas preferências, manifestá-las publicamente — de forma individual ou coletiva — e receberem, por parte do governo, igualdade de tratamento, sem discriminação decorrente do conteúdo de suas preferências.[2] A materialização dessas condições básicas deve ser precedida da institucionalização das oito condições anteriormente discutidas e que remetem, em última instância, aos direitos e garantias individuais associados aos direitos políticos e civis: liberdades de expressão e de voto, elegibilidade e competição política e diversidade de fontes de informação.

A poliarquia representa a ampliação do debate público e a efetiva maximização, no plano institucional e naquele das relações com o cidadão, do direito de participar das eleições e do governo. Conseqüentemente, a liberalização e a participação políticas constituem-se nos dois eixos analíticos que permitem a classificação dos regimes. À maximização da liberalização e da participação políticas corresponde a democracia possível, a poliarquia.

Creio que a discussão sobre o sistema de representação empreendida nos capítulos II e III dá conta do aprofundamento daquilo que Dahl entende como sendo um dos eixos fundamentais para a classificação dos regimes políticos. Essa discussão, no entanto, gerou critérios, princípios e proposições que permitem avaliar o teor democrático das poliarquias existentes, visando sua ampliação. Com isso avançamos para além da simples postulação de condições institucionais mínimas no sentido de definir a existência de um governo democrático, uma vez que o foco do autor é, reconhecidamente, identificar tais condições. O surgimento de um regime competitivo dar-se-ia, axiomaticamente, quando:

- "a probabilidade de que um governo tolere a oposição aumenta na medida em que diminui o preço da tolerância;
- a probabilidade de que um governo tolere a oposição cresce na medida em que aumenta o preço de suprimi-la;
- na medida em que o preço da supressão exceda o preço da tolerância, maiores são as oportunidades para que se estabeleça um regime competitivo."[3]

A formulação dahlsiana possui, assim, o mérito de estabelecer uma concepção realista de democracia que a distingue de outros regimes políticos — concepção simples, e portanto elegante — e de criar condições sob as quais um regime poderia se transformar em poliarquia. Nesse sentido, logra definir as condições minimamente necessárias para a gênese de um regime competitivo, pois o autor não avança em direção à análise das instituições de que se comporia o governo. Trata-se de verificar que instituições, em última instância, dariam a sustentação mais adequada para a vigência plena das três condições estabelecidas e dos atributos relativos às liberdades civis e políticas. Isto implica tratar os arranjos institucionais que dão suporte ao governo da mesma forma que tratei o sistema de representação. Também os sistemas de governo — objeto de análise deste capítulo — devem ser examinados à luz de critérios e princípios democráticos previamente definidos, com o intuito de avaliar seu teor democrático e possibilidade de democratização crescente. Sua gênese, e portanto a forma pela qual incorporam as exigências de um sistema de representação adequado, sua natureza e seu desempenho serão as dimensões críticas que orientarão a reflexão neste capítulo.

A questão fundamental tem a ver com a possibilidade de maximização das condições dahlsianas e dos atributos necessários para um governo democrático. É possível comparar os sistemas de governo existentes em função do seu teor democrático? Antes de responder a tais questões é indispensável analisar as diversas formas que a poliarquia tem assumido, além de ter claro o papel central desempenhado pelas instituições políticas, particularmente aquelas que configuram o exercício da autoridade pública.

2. As formas contemporâneas de democracia

A análise comparada, sobretudo em sua vertente institucionalista, ganhou novo impulso a partir dos trabalhos de Arend Lijphart, a começar pela sua obra de 1977, *Democracy in Plural Societies: a Comparative Exploration,* na qual o autor discute as formas históricas das sociedades plurais e os ajustes entre elas e delas com a institucionalidade política. É, no entanto, em *As democracias contemporâneas*, com a edição inglesa de 1984,[4] que Lijphart logra examinar as diferentes formas que a democracia assume na atualidade. A interlocução com Robert Dahl — com seu *Poliarquia* — marca definitivamente sua reflexão, uma vez que o ponto de partida implica o reconhecimento de que a democracia possível é a poliarquia:

> (...) esses regimes democráticos não se caracterizam por uma completa representatividade mas por a terem alcançado em grande medida, o que equivale a dizer que as medidas por eles implementadas se podem considerar em correspondência relativamente próxima com os anseios de relativamente muitos de seus cidadãos por um período relativamente longo.[5]

A semelhança com a definição de Dahl de governo democrático é óbvia, embora Lijphart torne ainda mais flexível essa concepção ao incluir o critério "relativamente muitos de seus cidadãos", elemento crucial para que se entenda, posteriormente, os dois modelos básicos de democracia elaborados pelo autor. Registre-se, no entanto, o uso peculiar que Lijphart faz do conceito de representatividade — termo ausente na formulação dahlsiana. Representatividade, diferentemente do que venho estabelecendo, é por ele entendida como capacidade do governo de responder positivamente às preferências da maioria dos cidadãos por um período relativamente longo. Esta ressalva é crucial, do meu ponto de vista: representatividade do governo tem a ver com a gênese dos arranjos institucionais, tal como discuti em capítulos anteriores, e não com o grau de atendimento das preferências dos cidadãos. Creio ser possível sustentar — e este é um dos eixos analíticos deste capítulo — que a natureza dos arranjos, mesmo daqueles que se afiguram como representativos, não é condição suficiente para o atendimento continuado das preferências da maioria dos cidadãos. E mais, esta dimensão deve ser mais adequadamente apreendida como desempenho do sistema, e não como representatividade.

O autor incorpora à sua análise os oito requisitos do governo representativo definidos por Dahl e, na busca de padrões comuns e pontos de contato entre esses elementos, presentes nas sociedades contemporâneas consensualmente tidas como democráticas, elabora dois modelos que tratariam de descrevê-las: o modelo de Westminster, ou democracia majoritária, e o modelo consensual:

(...) os exemplos democráticos em análise foram selecionados de acordo com critérios muito rigorosos: todos eles possuem já uma longa tradição, tendo alcançado igualmente um êxito absolutamente inquestionável no que diz respeito aos requisitos básicos da democracia. Com efeito, um dos principais objetivos desta obra é demonstrar que existem inúmeras formas de viabilizar a democracia.[6]

Ora, se a poliarquia é a forma possível de democracia, insiste corretamente Lijphart, do ponto de vista formal há diferenças sensíveis entre as poliarquias, o que permite classificá-las como pertencendo a um dos dois modelos básicos. O fato, no entanto, de existirem diferentes formas democráticas — tal como veremos a seguir — não implica que todas elas sejam iguais, pelo contrário. Um dos objetivos centrais desta análise consiste precisamente em avaliar sua natureza, ou intensidade democrática, a partir de critérios tais como sua representatividade — no sentido forte já estabelecido — e seu desempenho. Antes, no entanto, cabe diferenciar os dois modelos, tais como propostos por Lijphart.[7]

A essência da democracia de Westminster é a incorporação do critério da maioria como solução para o conceito de povo, rejeitando, assim, critérios outros como o da unanimidade ou aquele da maioria qualificada, no que se refere ao princípio de representação. Por isso, o modelo é também chamado majoritário, encontrando na Inglaterra e na Nova Zelândia sua mais pura materialização. Trata-se também de um governo de maioria, porque este é constituído pelo partido parlamentar majoritário: gabinete de partido único e maioria restrita. Conseqüentemente, a oposição — significativa minoria — não participa do Poder Executivo.

Um segundo traço constitutivo refere-se à fusão dos Poderes Legislativo e Executivo; este, constituído pelo gabinete, é nitidamente predominante, pois conta com maioria parlamentar, o que lhe garante, no quotidiano, a aprovação de suas propostas legislativas. Embora o Poder Legislativo seja bicameral no sistema britânico, a relação entre as duas Câmaras é assimétrica: a concessão legislativa é praticamente exclusiva da Câmara dos Comuns.

O sistema partidário é unidimensional, vale dizer, os partidos se diferenciam apenas em função de um único fator — esquerda-direita —, além de ser bipartidário. Tais elementos, eu diria, são conseqüência imediata do sistema eleitoral que incorpora o princípio da maioria. O bipartidarismo, portanto, não é um sistema "natural", como se viu no capítulo III, mas sim, em grande medida, resultante do princípio de representação adotado.

Trata-se, enfim, de um sistema de governo baseado em concepção de democracia exclusivamente representativa que maximiza a soberania parlamentar — e não a soberania popular — inclusive pela inexistência de Constituição escrita, e que, formalmente, constitui-se, ademais, como governo unitário e centralizado. Tais elementos que integram o modelo construído pelo autor não têm, é claro, correspondência unívoca sequer com a realidade inglesa, sua fonte de inspiração. A prática governamental tem revelado desvios em relação ao modelo.

Suíça e Bélgica são os referentes empíricos para a formulação do modelo consensual que se caracteriza institucionalmente por apresentar atributos opostos àqueles da democracia majoritária; o próprio autor entende que seus princípios estruturantes efetivamente limitam a vigência da regra majoritária. Suíça e Bélgica são os referentes empíricos para a formulação do modelo consensual. A essência do governo consiste na possibilidade de o Poder Executivo se estruturar em torno de grandes coligações partidárias, sendo freqüente inclusive a exigência de participação no gabinete dos grupos lingüísticos existentes na sociedade. O sistema desconhece o predomínio do gabinete e a fusão de Poderes; ao contrário, incorpora a separação formal e informal entre o Executivo e o Legislativo.

De natureza igualmente bicameral, o modelo consensual não só assegura a simetria do Poder Legislativo em relação a seus dois órgãos, como também garante a representação das minorias, mediante a utilização de critérios de representação diferentes na constituição dos dois órgãos.

Seu sistema eleitoral e partidário caracteriza-se também por estar em oposição ao modelo majoritário: é multipartidário e incorpora várias clivagens sociais (é multidimensional, portanto); além disso, o princípio de representação é o proporcional, o que, de resto, se constitui no elemento estruturante dessa forma democrática. Adicionalmente, incorpora a descentralização, admitindo níveis diferenciados de governo com atribuições igualmente diversas (o federalismo).

Com muita pertinência, Lijphart chama a atenção para o fato de que o modelo consensual limita a vigência da regra majoritária através do estímulo institucional para que os seguintes elementos entrem em operação: partilha de poder entre a maioria e as minorias; dispersão do poder entre o Legislativo (inclusive entre as suas duas Câmaras) e o Executivo, e entre os partidos; justa distribuição do poder resultante da adoção do princípio de representação proporcional; delegação do poder a grupos organizados, territorialmente ou não; e, finalmente, limite formal ao exercício do poder representado pelo veto possível das minorias.

Tais modelos não se encontram integralmente representados na realidade e, além disso, admitem, segundo o autor, fórmulas intermediárias, como é o caso do presidencialismo norte-americano, que incorpora traços dos dois modelos polares: a centralidade do presidente é, certamente, traço da democracia majoritária, bem como o princípio de maioria e o sistema bipartidário; a separação dos Poderes, o bicameralismo equilibrado, o federalismo, a Constituição escrita e o veto da minoria constituem-se em atributos típicos do modelo consensual.

Embora os dois modelos, além do peculiar presidencialismo norte-americano, representem formas diferentes de materialização da poliarquia, não se pode dizer que eles sejam igualmente democráticos, quando examinados a partir de critérios externos de avaliação indicativos do ideal democrático. Antecipei, no capítulo I, elementos que se prestam a este propósito, a saber: o âmbito da participação política, o grau de representatividade das instituições de governo e a forma de distribuição do poder político institucionalizado.

A participação política ampliada — que, recorde-se, é um dos requisitos definidores da poliarquia — refere-se, em última instância, à contribuição, e certamente ao tamanho, do eleitorado na constituição dos diversos órgãos que integram o governo. Seu referente empírico imediato são as normas eleitorais que definem a franquia e as condições de elegibilidade. Já o grau de representatividade tem a ver com a extensão em que os diversos segmentos sociais, tendências ideológicas, classes sociais, segmentos territorialmente organizados e cada cidadão eleitor, tomado individualmente, se fazem presentes nas instituições governamentais. O terceiro critério, forma de distribuição do poder institucionalizado, identifica o grau de concentração ou de dispersão do poder na sociedade politicamente organizada, quer no que se refere ao governo como um todo, quer no que tange às suas diversas partes constitutivas.

Esses critérios, explicitadores do ideal democrático, se associados às proposições anteriormente formuladas sobre o sistema de representação política e sobre o sistema eleitoral (respectivamente, nos capítulos II e III), permitem a avaliação dos modelos de democracia propostos por Lijphart e, certamente, das poliarquias existentes quanto à sua capacidade de realizar o ideal democrático. Além disso, possibilitam também o estabelecimento de medidas que aperfeiçoariam os sistemas de governo. Para se prosseguir com esta avaliação, é mister recuperar as seguintes proposições:

1. a representação política será tanto mais intensa quanto mais os sentidos associados ao representar se fizerem presentes e quanto mais freqüente for esta presença: quanto mais intensa e generalizada for a representação, mais democrática será ela;
2. quanto maior for o número de cargos públicos preenchidos através de eleição direta e quanto maior o número de tais cargos nos diversos segmentos do governo, maior será a probabilidade de se realizar adequadamente a representação e, conseqüentemente, mais democrático será o governo;
3. uma eleição será tanto mais democrática quanto maior for o corpo eleitoral; no limite, o corpo eleitoral se constituirá de todos aqueles que podem ser afetados pelas decisões públicas;
4. será ainda mais democrática quanto menores forem as desigualdades prevalecentes no sistema eleitoral que atribuem valor diferente ao voto; no limite, o voto de todos e de cada um deverá ter o mesmo valor;
5. quanto maior a proporcionalidade efetivada pela lei eleitoral, mais democrático será o sistema eleitoral. Primeiro, porque tratará com igualdade os partidos políticos, independentemente de sua força eleitoral, e, segundo, porque será menos excludente, no sentido de não negar representação às parcelas do eleitorado que tiverem optado por partidos que vierem a se revelar como eleitoralmente menores.

O que se pode dizer do teor democrático da democracia majoritária, da democracia consensual e do presidencialismo, aceitos os critérios e as proposições acima formulados? A primeira proposição contempla dimensões pertinentes ao plano da cultura política eventualmente prevalecentes e que aqui não examinarei; ela não inclui elementos atinentes ao plano institucional. Neste sentido, não permite a avaliação dos modelos sob exame.

A segunda proposição operacionaliza o critério da participação política, dando suporte ao sentido forte de representação política que adotei como sendo o mais democrático. Sua utilidade para a comparação dos dois modelos é imediata e transparente: o desempenho do modelo consensual e do presidencialismo é superior àquele da democracia majoritária, e o desempenho do presidencialismo supera àquele das duas formas parlamentaristas. Os sistemas de governo que adotam, adicionalmente, a forma federativa e a descentralização político-administrativa terão desempenho ainda superior, pois maximizam o número de cargos preenchidos por eleições diretas. Conseqüentemente, também o grau de dispersão do poder institucionalizado será maior nas democracias presidencialistas e consensuais do que nas majoritárias, se e quando as primeiras se organizarem de forma descentralizada e federada.

A terceira proposição é neutra em relação aos dois modelos básicos e ao presidencialismo, pois todas as formas democráticas supõem, de alguma forma, o primado da soberania popular e, conseqüentemente, um corpo eleitoral ampliado. De novo, trata-se de proposição que, empiricamente, permitirá apenas a mensuração do grau de exclusão ou de inclusão eleitoral, tal como ocorreu quando consideramos a primeira proposição.

A quarta proposição — realização do princípio elementar da igualdade política — revela, novamente, a superioridade do modelo consensual em face do modelo de Westminster e do sistema presidencialista que não seja híbrido no sentido de Lijphart: o desempenho do presidencialismo dependerá da escolha do princípio de representação; se proporcional, seu desempenho será comparável àquele do modelo consensual.

A quinta proposição leva igualmente às mesmas inferências estabelecidas na aplicação da quarta proposição. Ambas indicam sob que condições o critério de representatividade é maximizado pelos modelos democráticos.

Assim, os modelos elaborados por Lijphart — com base em seleção criteriosa de situações democráticas do mundo contemporâneo —, quando analisados à luz de proposições e critérios que maximizam o ideal democrático, revelam propriedades democráticas diferentes. O modelo consensual apresenta-se claramente como mais democrático que o majoritário; já o presidencialismo, dada sua natureza híbrida, será tanto mais democrático quanto menos incorporar elementos típicos do modelo majoritário.

A análise acima indica ainda que, no que tange ao teor democrático dos sistemas de governo, o valor heurístico das proposições é diferenciado. No plano teórico, ressalte-se a centralidade das proposições de número 2, 4 e 5 para a diferenciação dos modelos analisados. Já a proposição 1 permite discriminar os sistemas de governo quanto à natureza da cultura política prevalecente no que concerne aos conceitos de representação política existentes; quanto à proposição 3, esta possui poder discriminatório menor do que as demais, pois representa, de fato, o patamar mínimo — dos pontos de vista teórico e empírico — da democracia, ou, para utilizar um termo dahlsiano, da quase-poliarquia.

3. Sistemas de governo, desempenho político e econômico e democracia

A centralidade das instituições políticas é fator indissociável da reflexão filosófica e analítica; é inclusive, temporalmente, o objeto que tem sido mais privilegiado, independentemente da prevalência, ou hegemonia, dos diversos modelos interpretativos que caracterizam atualmente a reflexão nas ciências sociais. O objetivo desta seção não escapa a esta tradição. Se na seção anterior procurei fornecer um balanço dos arranjos institucionais gerais que dão suporte à ação do governo — as formas contemporâneas da democracia — sob a perspectiva de sua gênese, comparando seus modelos básicos em função do sistema de representação, cabe, agora, avaliar o desempenho de tais sistemas do ponto de vista da ação pública.

O impacto possível — e os limites interpostos pelo sistema de governo — encontra-se bem definido por Scott Mainwaring, e este será o ponto de partida da discussão que se segue:

> Escolhas de instituições políticas são importantes. As instituições criam incentivos e penalidades para os atores políticos, conformam as identidades dos atores, estabelecem o contexto no qual ocorre o processo de elaboração de políticas, e podem ajudar ou prejudicar a construção de regimes democráticos. E entre todas as escolhas relativas às instituições, nenhuma é mais importante do que o sistema de governo: presidencialismo, semipresidencialismo, parlamentarismo ou uma forma híbrida.[8]

A citação permite delinear as questões a serem tratadas. Não me ocuparei da centralidade da escolha do sistema de governo relativamente a quaisquer outras escolhas que envolvam formato institucional, mas sim, especificamente, da escolha do sistema de governo, tratando de revisar a bibliografia recente com o objetivo de verificar qual é o estado da arte sobre as conseqüências políticas da adoção deste ou daquele sistema de governo. Entende-se por estado da arte aquilo que tenha sido estabelecido pela literatura em bases teórico-metodológicas sólidas. A discussão se pautará por um movimento duplo: inicialmente tratarei de textos que discutam o mérito relativo dos sistemas de governo a partir de uma perspectiva puramente conceitual para, na seqüência, introduzir a literatura comparada e empiricamente orientada que tem avaliado as conseqüências políticas atribuídas aos sistemas de governo.

Tais estudos passaram a ter enorme visibilidade, a partir dos anos 70, em decorrência da democratização que atingiu inúmeros países, localizados em áreas as mais distintas, gerando, subseqüentemente, uma enorme bibliografia de que não vou me ocupar. Também no Brasil a preocupação com as perspectivas da democracia aliada à escolha do sistema de governo — que entre nós já foi objeto de dois plebiscitos — gerou muita controvérsia, que foi orientada, em parte, politicamente e, em parte, academicamente.

Bolívar Lamounier, por exemplo, argumenta, com muita habilidade, que o presidencialismo não faz parte da cultura política brasileira e, conseqüentemente, a opção por um outro sistema de governo não seria traumática no sentido de violentar a tradição histórica. Ademais, salienta, o presidencialismo em um contexto democrático só foi efetivamente posto em prática no regime pós-1945. E, aí, seu desempenho — e este é o ponto crucial — foi inteiramente inadequado:

> Por uma contagem das mais generosas, então, um terço deste século de presidencialismo não conseguiu conciliar a estabilidade com a normalidade democrático-constitucional. Esta evidência numérica requer, porém, uma análise crítica mais profunda, especialmente mediante argumentos contrafatuais que indiquem como os resultados poderiam ter sido diferentes sob o parlamentarismo.[9]

Embora o autor aponte em direção acertada para que se efetive a análise de desempenho do presidencialismo não é este o caminho seguido. Lamounier opta por "estabelecer um critério analítico que permita apreender a tradição presidencialista como um todo e como uma resposta ao triplo requisito da estabilidade, eficácia e legitimidade."[10] A resposta é a natureza plebiscitária do cargo — presidencial, é claro.

Ora, entendo que postular adequadamente o fracasso do presidencialismo — ou mesmo de qualquer outro sistema —, no que concerne à garantia dos três requisitos supracitados, requereria, no mínimo, dois movimentos analíticos: demonstrar que, por conta de sua natureza, o plebiscitarismo é causa do mal desempenho deste sistema e, segundo, que explicações alternativas não se sustentam. Desde logo é preciso estabelecer uma premissa: à luz de qual orientação teórico-metodológica se estará avaliando o desempenho? Sob que condições serão aceitas as hipóteses de trabalho que dão conta da relação entre sistema de governo e desempenho?

Na verdade, tentarei mostrar que a discussão sobre vantagens e desvantagens dos diversos sistemas, no que se refere às suas conseqüências políticas, é ainda muito embrionária, uma vez que as relações postuladas carecem de base sólida, diferentemente do que ocorre, por exemplo, com a análise das conseqüências políticas da legislação eleitoral, em que já se atingiu um alto grau de rigor científico, desde a formulação conceitual ao teste das hipóteses. A revisão da literatura, no entanto, faz todo sentido, precisamente pela razão acima mencionada; ademais, mesmo os textos apenas conceitualmente orientados permitem, espero, colocar a discussão em termos tais que se possa também delinear uma agenda adequada de questões a serem empírica e comparativamente enfrentadas.

A vantagem percebida por Lamounier do parlamentarismo em face do presidencialismo tem a ver com, de um lado, um traço inerente ao parlamentarismo — sua flexibilidade — e, de outro, com a conseqüência que adviria dessa flexibilidade, a capacidade sistêmica do parlamentarismo para lidar com crises institucionais, isto é, com o descompasso entre o Executivo e o Legislativo:

> Refiro-me sobretudo à ênfase na flexibilidade da estrutura parlamentar em oposição ao mandato fixo, ao caráter soma-zero e à fusão dos papéis de Chefe de Governo e Chefe de Estado sob o presidencialismo, que freqüentemente exponenciam suas crises políticas, transformando-as em crises institucionais.[11]

Há outros dois aspectos na defesa da superioridade do parlamentarismo que se relacionam com o mundo da empiria e do contexto social que, por sua importância, não podem *a priori* ser descartados: primeiro, o fato de que a complexidade da sociedade contemporânea ampliaria o potencial de crises políticas — conseqüentemente, o parlamentarismo estaria mais apto a solucionar as crises por aí geradas; segundo, pelo menos na América Latina, o presidencialismo estaria intimamente ligado ao ciclo de construção do Estado e à necessidade de uma liderança forte no processo de crescimento econômico. A importância desses fatores é imediata, pois não só reforçam a alegada superioridade do parlamentarismo enquanto fiador da estabilidade política (e da manutenção da ordem democrática), como apontam para o eventual desempenho mais adequado de um sistema de governo, dependendo de atributos específicos do contexto social: a implementação adequada de políticas públicas, conseqüência que, doravante, entenderei como desempenho do sistema.[12]

Estabilidade e desempenho constituem-se, assim, nos efeitos políticos associados a sistema de governo. São expectativas comuns à grande parte dos textos que lidam com a questão, dos quais evidentemente só examinarei parte, sobretudo a literatura que se empenha em argumentar a favor da superioridade do parlamentarismo. São dimensões (e associações) que pretendo identificar na literatura e discutir seu caráter como hipóteses plausíveis, desde que tenham sido empiricamente analisadas. Percurso argumentativo semelhante encontra-se em Juan Linz.[13]

Este autor, além de reconhecer a separação de poderes entre o Executivo e o Legislativo como um traço do presidencialismo que dificultaria a solução de crises, considera que a origem do problema consiste na dupla legitimidade dos dois Poderes, gerando uma situação em que "não há princípio democrático que possa decidir quem representa a vontade do povo (...)".[14] De fato, se o que se enfrenta é a dupla legitimidade, não há como solucionar institucionalmente o impasse entre os dois Poderes. No parlamentarismo, onde a solução é institucional — dado que a legitimidade do Executivo é derivada, e por delegação do Legislativo —, pode ocorrer a supressão provisória e substituição imediata do(s) titular(es) de um dos Poderes.

O reconhecimento da dupla legitimidade não implica, necessariamente, a inferência de que o parlamentarismo é superior, em virtude da existência de mecanismos para a solução de crises, mesmo porque uma dessas soluções é a dissolução do Parlamento e convocação de novas eleições legislativas. Politicamente, o impasse entre os Poderes legitimamente constituídos pode se dar via "cassação" de mandatos, ou seja, suspensão da vontade popular, seguida de novo pronunciamento eleitoral.

Admitida, no entanto, a possibilidade de crise — e a história é testemunha de que ela tem ocorrido — tal não impede que ela venha a ser politicamente superada, mesmo na ausência de mecanismos institucionais próprios, através da negociação e da barganha que permeiam a vida política no quotidiano e são parte integral da ação política, seja qual for o arranjo institucional prevalecente. Infelizmente, a literatura tem sido pródiga em apontar a fragilidade institucional do presidencialismo, mas desconheço análises que tenham revelado a outra face da moeda, isto é, situações de crise que tenham sido adequadamente superadas no presidencialismo.

A possibilidade de encaminhamento da crise sem perda de estabilidade ou de ruptura da ordem surge, paradoxalmente, no próprio texto de Linz, quando ele afirma que "minha análise das implicações problemáticas do presidencialismo para a democracia não deve ser lida como significando que uma democracia presidencialista não pode ser estável".[15] Isto posto, a questão deixa de ser teórica e passa a ser empírica; dela só tratarei mais adiante, quando incorporar as análises que verificam a relação entre sistema de governo e estabilidade política. Apesar de todas essas ressalvas, a agenda de questões a ser tratada de forma conceitual e metodológica mais pertinente é claramente definida pelo autor ao afirmar que:

> (...) a análise enfocou alguns dos problemas estruturais inerentes ao presidencialismo: a legitimidade democrática simultânea do presidente e do Congresso, a possibilidade de conflito, a ausência de mecanismos óbvios para resolver o conflito, o caráter soma-zero da eleição presidencial, a implicação da regra majoritária que pode levar a uma desproporcionalidade que deixe mais de 60% dos eleitores sem representação (na presidência), a polarização potencial, a rigidez de mandatos fixos e as regras que impedem a reeleição normalmente associadas ao presidencialismo, entre outros fatores.[16]

Mantida esta proposta, verifica-se que também Lijphart tem certa afinidade com o argumento em defesa da superioridade do parlamentarismo. Ao examinar a fraqueza do presidencialismo é, no entanto, inteiramente fiel à sua produção anterior; o exame a que submete o presidencialismo é orientado pelos dois modelos de democracia por ele elaborados, em texto que já examinei.[17] A discussão então empreendida mostra que do ponto de vista dos ideais democráticos a forma consensual é superior à forma majoritária do parlamentarismo e que o sistema presidencialista seria tanto mais democrático quanto mais se aproximasse da forma consensual. O autor considera serem três os traços essenciais do presidencialismo: eleição direta do presidente por período fixo constitucionalmente estabelecido; eleição popular do presidente; e Executivo unipessoal. Linz pretende demonstrar que sua

> (...) crítica (...) enfoca uma fraqueza adicional da forma presidencialista de governo; sua forte inclinação em direção à democracia majoritária, especialmente em muitos países onde, por falta de um consenso natural, uma forma de democracia consensual, e não a forma majoritária é necessária.[18]

Com base nos traços distintivos referidos anteriormente, que diferenciam os dois sistemas básicos de governo, Lijphart constrói uma tipologia que inclui oito situações diferentes. O resultado obtido deixa a desejar, pois se o objetivo é contrastar as situações empíricas, pouco se avança nessa direção, uma vez que a maior parte dos casos se concentra em apenas dois dos oito tipos elaborados, os quais correspondem precisamente aos dois modelos de democracia. Acresce que três dos oito tipos não possuem correspondente empírico, e apenas quatro situações se distribuem pelos demais. Não há muito avanço em termos de compreensão da realidade, e nem poderia, pois as formas majoritária e consensual já haviam sido elaboradas com base na mesma realidade que posteriormente é usada para verificar os oito "novos" tipos. Ganha-se apenas na verificação de que os modelos são heuristicamente fecundos, uma vez que dão conta adequadamente da realidade.

Constata-se, no entanto, conforme previa Lijphart, que o presidencialismo — quando democrático, é claro — tende a se aproximar do modelo majoritário que, por sua vez, pode não ser o mais adequado quando se trata de sociedades complexas, divididas e que se caracterizam pela inexistência de consenso:

> (...) embora a separação de Poderes exerça uma certa pressão em direção à democracia consensual, a eleição popular do presidente e a concentração de poder em uma só pessoa são fortes influências em direção ao majoritarismo.[19]

A fragilidade do presidencialismo reside, portanto, em sua tendência ao majoritarismo. Se, no entanto, se admitir a possibilidade de um presidencialismo democrático sustentado pelo princípio da proporcionalidade na eleição legislativa, é de se supor que o funcionamento real do sistema recaia no mecanismo da separação dos Poderes — e isto é reconhecido pelo autor — que leva à busca do consenso. Restabelecer-se-ia, assim, a tendência em direção à democracia consensual, sem perda das demais características democráticas do presidencialismo conforme já demonstrei. Neste caso, o que se observa é o deslocamento da necessidade de solução da crise do plano institucional para o plano da política, da ação, do comportamento, evitando-se o confronto direto entre os Poderes. Mesmo porque fora da política não há salvação.

Cabe, agora, introduzir um novo elemento crítico nas análises que estou revisando. Não há por que admitir, no que se refere a sistemas de governo, conseqüências políticas automaticamente deriváveis de sua própria institucionalidade. Conseqüências como a garantia da estabilidade decorrerão, ou não, a partir da interação formatos institucionais e ação política devidamente contextualizados. Este aspecto, inclusive, é por vezes implícita ou explicitamente considerado pelas diversas análises sem que, no entanto, seja sistematicamente levado em conta. O próprio Lijphart, ao apontar o "consenso natural", abre espaço para esse tipo de análise, embora não a faça.

4. A análise comparativa do desempenho governamental

Alfred Stepan e Cindy Skach[20] diferenciam os sistemas de governo com base no critério de dependência entre os Poderes Legislativo e Executivo, fator que engloba os traços distintivos essenciais já apontados pela literatura que venho discutindo: fusão ou separação de Poderes; legitimidade derivada do Poder Executivo ou dupla legitimidade; flexibilidade de mandatos ou mandatos rígidos. Suas análises tratam de avaliar empiricamente o desempenho de dois sistemas de governo aqui vistos de maneira polar: o presidencialismo puro e o parlamentarismo puro, em função de um índice de democratização e de um outro de recursos de poder elaborados por Tatu Vanhanen.[21]

O primeiro baseia-se na relação entre o total de votos recebidos por todos os partidos menos o mais votado e o comparecimento eleitoral; trata-se de fato de um índice de participação política, e não necessariamente de um indicador de democratização. O segundo inclui: descentralização de recursos não-agrícolas; porcentagem da população ocupada em fazendas familiares; porcentagem da população em universidades; porcentagem da população que é alfabetizada; e, porcentagem da população que não está na agricultura. Este último índice pode ser interpretado como revelador do desempenho do sistema de governo. Não vou entrar no mérito de tais índices, isto é, se são efetivamente indicadores daquilo que se quer medir, assumindo, assim, que sua utilização está correta, pelo menos por enquanto.

No entanto, tais resultados (positivos ou negativos) não podem ser creditados automaticamente à ação pública, vale dizer, ao desempenho do sistema de governo, sem que se estabeleçam as necessárias mediações teóricas, como por exemplo o impacto específico de certas políticas públicas (ou até mesmo de sua ausência). Além disso, bons ou maus resultados acumulam-se no tempo, em que pese a importância do patamar de desenvolvimento com o qual o sistema de governo se defrontou inicialmente.

Os autores revelam indícios de que o desempenho do sistema parlamentarista é superior em ambos os índices: cerca de 83% do total de nações parlamentaristas acusam boa performance, enquanto os países presidencialistas se dividem quase que ao meio entre o bom e o mal desempenho. Registre-se de imediato uma dificuldade com a qual se defronta a maioria dos trabalhos: como, infelizmente, o número de democracias existentes é relativamente pequeno, a análise, que necessariamente deveria ser multivariada, fica comprometida, uma vez que não se pode considerar todos os fatores teoricamente relevantes; esta limitação, creio, permeia todos os trabalhos de natureza empírica, a não ser quando se estende sobremaneira o conceito de democracia estável precisamente para se poder contar com um número maior de casos.

E é esse o procedimento adotado pelos autores para verificar se o sistema de governo se relaciona com a manutenção da democracia: países que entre 1973 e 1989 conviveram pelo menos durante dez anos consecutivos com a democracia comparados com nações que durante esses dez anos conviveram com a democracia por pelo menos um ano. Considerando 53 países fora da Comunidade Econômica Européia, observa-se que, com base no critério de um ano de vida democrática, países parlamentaristas e presidencialistas tiveram desempenho semelhante; porém, dado o fator dez anos de vida democrática (apenas 22 países), o desempenho do sistema parlamentarista foi superior (17 casos) em relação ao presidencialismo (5 casos).

O que os dados revelam é que em menos da metade do total de casos, fatores outros que não apenas o sistema de governo operam no sentido de viabilizar ou não a estabilidade democrática. A mesma interpretação continua a prevalecer quando os autores introduzem na análise a ocorrência de golpes militares: 10 tiveram lugar em países presidencialistas e 5 em países parlamentaristas. As evidências apresentadas pelos autores os levam a assim concluir:[22]

> Cremos estar agora em condições para dizer que a explicação para o fato de que o parlamentarismo possui uma estrutura constitucional mais adequada reside nas seguintes tendências teoricamente previsíveis e empiricamente observáveis: a maior probabilidade de os governos contarem com maiorias para implementarem seus programas; sua maior habilidade para governar em um contexto multipartidário; sua baixa propensão para o governo agir nos limites constitucionais e sua facilidade para remover um chefe de governo que assim aja; sua menor suscetibilidade a golpes militares; sua tendência maior em garantir longas carreiras partidárias e governamentais que acrescentam lealdade e experiência à sociedade política.[23]

O que os dados efetivamente indicam — embora as conclusões dos autores estejam postas em termos fortes — é que qualquer que seja o indicador utilizado as dificuldades na atualidade para que a democracia se consolide são muito grandes e que a taxa de sucesso é muito baixa, em que pesem as ligeiras e aparentes vantagens do parlamentarismo em face do presidencialismo. Acresce ainda que os autores não consideraram a experiência recente latino-americana que, como aponta Nicolau,[24] traz novo alento para o futuro da democracia em contextos presidencialistas.

Igualmente preocupado com a estrutura constitucional dos sistemas presidencialistas, Scott Mainwaring[25] destaca um traço desse sistema como o elemento que por excelência dificultaria a consolidação democrática: o multipartidarismo. Seu argumento é o de que

> (...) a combinação de presidencialismo e multipartidarismo dificulta a estabilidade democrática. Uma vez que muitas democracias presidencialistas possuem sistemas multipartidários, o argumento possui amplas implicações para os debates acadêmico e político no que se refere às escolhas institucionais em novas democracias.[26]

Fixa o autor — para o exame do impacto do sistema de governo sobre a estabilidade democrática — um prazo de 25 anos, e conclui que o sistema presidencialista, quando é multipartidário, possui taxa de sobrevivência democrática menor que o parlamentarismo. Creio, de novo, que a evidência é frágil — embora aponte na direção prevista. Se, de um lado, entre os países estáveis (31) em todo o período, 24 são parlamentaristas, o mesmo não se pode dizer dos países que passaram por colapso democrático ou daqueles que foram instáveis durante todo o período. Nesses dois últimos casos, países parlamentaristas, presidencialistas ou com outras formas de governo foram todos igualmente instáveis. Entre os países estáveis destacam-se, exceto pouquíssimos casos, exatamente aqueles que possuem maior tradição democrática; o que parece estar em questão é a possibilidade de a democracia se consolidar na atualidade, admitindo-se, no entanto, o efeito marginal que o sistema de governo possa ter.

No que tange ao efeito específico da fragmentação parlamentar enquanto óbice para a consolidação democrática, os dados apresentados não permitem a interpretação sugerida, pois, no caso das democracias estáveis (que são 31), os sistemas parlamentaristas e presidencialistas não se distinguem: dos 24 países parlamentaristas, 13 são fragmentados e 11 não o são; entre os presiencialistas, 4 são fragmentados e 3 não o são.[27] Considerando-se como indicador de multipartidarismo o número de partidos efetivos — cujo valor elevado indicaria alta fragmentação —, de novo os dados desautorizam a interpretação dada:[28] entre os parlamentaristas, 13 países possuem alta fragmentação e 11 baixa fragmentação; entre os presidencialistas, 2 são altamente fragmentados e 5 são pouco fragmentados. A insistência no argumento de que o multipartidarismo fragmentado dificultaria a construção de coalizões estáveis é retomada em trabalho recente do mesmo autor, sem que ele proceda ao teste empírico direto da relação.[29] Esta mesma hipótese é exaustivamente verificada por Argelina Cheibub e Fernando Limongi.[30] O exame cuidadoso do Legislativo brasileiro e de sua produção legal, no período pós-Constituição de 1988, permite a esses autores concluir que:

> As evidências apresentadas ao longo deste texto mostram que a fragmentação partidária e o fato de o presidente não contar com apoio de uma maioria sólida não impedem que as iniciativas do executivo sejam aprovadas.[31]

Cheibub e Limongi afirmam ainda que:

> O Poder Legislativo não se constitui em um obstáculo à ação governamental do Executivo. Esta possibilidade foi e vem sendo removida pelos próprios parlamentares.[32]

Os autores demonstram que a fragmentação partidária elevada é, no máximo, condição necessária para a paralisia decisória, mas não é condição suficiente. No presidencialismo brasileiro, o Poder Executivo dispõe de recursos que maximizam a possibilidade de seus projetos virem a ser aprovados pelo Legislativo, como, por exemplo, a mobilização da opinião pública. Ainda uma breve referência à prática presidencialista brasileira: Octávio Amorim Neto mostra, com muita propriedade, a utilização pelo Executivo de recurso de poder que minimizava os efeitos negativos da fragmentação parlamentar através da formação de gabinetes presidenciais que refletissem a composição partidária prevalecente no Congresso Nacional, em particular na Câmara dos Deputados, durante o ensaio democrático do regime de 1946.[33] Dentro dessa mesma linha de argumentação, qual seja, de que a fragmentação partidária elevada não conduz *ipso facto* à paralisia decisória, ou ingovernabilidade, ou instabilidade política, Jairo Marconi Nicolau, após discutir as diversas interpretações oferecidas pela literatura para as razões de tais perturbações, conclui:

> (...) a situação de ingovernabilidade decorreria da ausência de maiorias parlamentares sólidas. Governos minoritários e forçosamente de coalizão dificultariam o processo decisório no país.[34]

Avaliando, no entanto, a experiência do presidencialismo na América Latina, Nicolau reconhece que a fragmentação é, de fato, apenas uma ameaça potencial para a estabilidade política, ou, como venho estabelecendo, é condição necessária, mas não suficiente, para a ocorrência de impasse entre os Poderes Executivo e Legislativo:

> É inegável que essa situação é uma ameaça potencial ao funcionamento do governo, e que, em casos mais graves, pode levar à instabilidade do regime. Mas é inegável também que, desde meados dos anos 80, quase todos os países latino-americanos têm convivido com a combinação institucional de representação proporcional com presidencialismo, apresentando, à exceção do Peru, um bom desempenho democrático. Talvez essa evidência empírica faça os analistas reverem suas posições, para entender como democracias teoricamente condenadas têm sobrevivido a guerrilhas (Colômbia), a graves tentativas de golpes militares (Argentina) e a difíceis processos de afastamento de presidentes (Brasil e Venezuela).[35]

Fragmentação parlamentar e capacidade de obtenção de maiorias parlamentares estáveis, enquanto atributos de sistemas de governo específicos, integram também as reflexões de G. Bingham Powell Jr.[36] e de Wanderley Guilherme dos Santos.[37] O objetivo, em ambos os casos, é verificar em que medida os sistemas de governo, em função de seus atributos, se distinguem quanto à maximização da estabilidade política. Powell considera também a efetividade governamental, isto é, a capacidade de o Executivo contar com maioria parlamentar, e após análise das mais exaustivas conclui que:

> Os padrões de desempenho governamental encontrados (...) são altamente consistentes com as expectativas teóricas. Regras de representação legislativa majoritária encontram-se fortemente associadas com Executivos mais duráveis e com o controle do Legislativo pelo Executivo. Arranjos presidencialistas encontram-se também fortemente associados com Executivos mais duráveis, mas associam-se a governos minoritários. Governos parlamentaristas representativos (leia-se proporcionais) apresentam instabilidade do Executivo e perda freqüente de controle majoritário.[38]

Em síntese, o autor verifica que, se o objetivo político consiste em maximizar o controle do Legislativo pelo Executivo (expectativa de maioria para a sustentação da política do Executivo), o parlamentarismo majoritário supera tanto o presidencialismo como o parlamentarismo proporcionalista. Já no que se refere à estabilidade governamental (duração do Executivo), o presidencialismo é superior ao parlamentarismo, qualquer que seja o seu princípio de representação, e o majoritário, por sua vez, é mais estável do que o proporcionalista.[39]

Santos, examinando a estabilidade governamental no Brasil (estabilidade ministerial) no período 1945-82, entende que a associação entre fracionalização eleitoral, multipartidarismo e, conseqüentemente, instabilidade política "está com freqüência sustentada por um compósito de ilusões de bom senso, confusões conceituais e medidas inadequadas."[40] Após medir a estabilidade ministerial conclui que:

> (...) não existiu no Brasil nenhuma associação entre os níveis de fragmentação parlamentar e os índices de estabilidade ministerial em cerca de quarenta anos de história pós-segunda guerra mundial.[41]

Santos chama a atenção, ainda, para o fato de que a estabilidade ministerial reflete a acomodação entre o Executivo e o Legislativo em busca do necessário apoio legislativo. Essa acomodação revela o lugar da ação política nos arranjos institucionais, quaisquer que sejam eles. É a prática política, como ressaltei em passagens anteriores, que, no contexto institucional, é responsável pelos resultados obtidos, e não o automatismo deste ou daquele atributo que por si só geraria esta ou aquela conseqüência.

É ainda Powell Jr. que estabelece alguns parâmetros adicionais para se avaliar o desempenho dos sistemas de governo: maximização da participação política e controle da violência. Sistemas proporcionalistas são mais mobilizadores do que os majoritários, enquanto os sistemas presidencialistas se caracterizam pelo baixo grau de envolvimento eleitoral. Esta última afirmativa é discutível, pois o valor obtido pelos países presidencialistas (71%) encontra-se muito próximo daquele obtido pelos parlamentaristas (73%). Esta verificação corrobora as proposições teoricamente derivadas referentes ao desempenho dos sistemas de governo que elaborei em capítulos anteriores, relativas ao teor democrático dos sistemas de governo do ponto de vista de sua gênese. Quanto ao critério controle da violência, os resultados são pouco significativos, pois não discriminam suficientemente os sistemas.[42]

Matthew Sobert Shugart e John M. Carey, estudiosos do presidencialismo, destacaram recentemente certas peculiaridades dos sistemas de governo que, creio, sintetizam bem a discussão levada a efeito a propósito do seu desempenho. Seu ponto de partida é a distinção entre dois modelos básicos de controle dos representantes por parte dos cidadãos: maximização da eficiência eleitoral e maximização da representação.[43] O primeiro modelo garante aos eleitores a possibilidade de avaliar as responsabilidades do governo e reconduzi-lo ou não ao poder. O segundo supõe o multipartidarismo e, portanto, a possibilidade de escolha eleitoral a partir de um leque variado de opções, ampliando, assim, o controle do cidadão via representação política. Ora, a maximização simultânea dos dois modelos não é possível quando o sistema dispõe de um único agente do eleitorado (o Parlamento); apenas o presidencialismo é capaz de garantir a eficácia dos dois critérios, dada a separação de Poderes e a dupla legitimidade inerente a cada um deles.

Trabalho recente de Arend Lijphart permite dar um balanço final no estado da arte no que se refere ao desempenho dos sistemas de governo, com base nos estudos que revelam um rigor analítico adequado:

> A sabedoria convencional é de que ocorre um *trade-off*. A representação proporcional e, por extensão, a democracia consensual, garantem representação mais acurada e, em particular, melhor representação da minoria e proteção de seus interesses. Porém, os governos majoritários produzidos por eleição majoritária são mais decisivos, e mais efetivos na produção de políticas.[44]

Isto posto, o autor revê sua própria análise publicada três anos antes,[45] recorrendo agora a dez diferentes indicadores que dão conta das seguintes dimensões analíticas: administração da economia (crescimento econômico, inflação e desemprego); qualidade da democracia (comparecimento eleitoral, desigualdade de renda como indicador de igualdade política); e representação e proteção dos direitos das minorias. As conclusões a que chega[46] podem ser assim sintetizadas:

- os países proporcionalistas têm desempenho melhor do que os majoritários no que se refere à representação política e à qualidade da democracia;
- os países majoritários não possuem desempenho superior no que tange à manutenção da ordem e da paz, nem no que se refere à administração da economia;

- a conclusão mais geral é a de que a sabedoria convencional está equivocada ao postular o *trade-off;* embora os países proporcionalistas apresentem um desempenho ligeiramente superior, a diferença não é estatisticamente significativa.

A conclusão prática, diz Lijphart, "é que os sistemas proporcionalistas devem ser preferidos aos de pluralidade, uma vez que aqueles oferecem melhor representação política e, pelo menos, políticas públicas tão efetivas quanto as políticas dos sistemas majoritários."[47] Enfatiza, ainda — e aí a minha concordância é total —, que tais conclusões são ainda tentativas no sentido de valerem enquanto hipóteses parcialmente comprovadas, dada a insuficiência de casos analisados por ele e pelos demais autores, como venho acentuando.

5. Fatores exógenos e desempenho governamental

As duas seções precedentes, embora não tenham revisado toda a literatura de eventual pertinência, estabeleceram com segurança limites claros para a interpretação das relações entre sistema de governo e indicadores de desempenho político e econômico. Em primeiro lugar, parte dessa literatura é conceitualmente imprecisa. Em segundo, até mesmo nos textos que revelam maior rigor científico, ora os resultados obtidos pela comparação sistemática não discriminam adequadamente os sistemas de governo, pois a eventual diferença encontrada não é estatisticamente significativa, ora a interpretação é benevolente em excesso, estabelecendo conclusões que o exame mais criterioso dos dados não sustenta.

Acresce, como inclusive vários dos autores aqui mencionados reconhecem, que o número de casos de democracia, infelizmente, é reduzido para permitir a análise multivariada requerida. Quando esse número é ampliado, para que se faça uma comparação cuidadosa, do ponto de vista estatístico, o rigor conceitual é sacrificado. Assim, tem razão Powell Jr. ao concluir que os resultados até agora obtidos, por mais interessantes e instigantes que possam parecer, não permitem ainda generalizações teóricas sobre as relações entre sistemas de governo e desempenho, embora já se disponha de hipóteses parcialmente comprovadas empiricamente.[48]

Ressalte-se, ademais, que uma Constituição reflete o consenso a que seus autores chegaram em um determinado momento; ela é uma resposta presumivelmente adequada às necessidades locais, tal como foram antecipadas pelos atores envolvidos em sua elaboração. O mesmo Powell Jr. coloca que

> (...) a associação entre tipo constitucional e desempenho democrático pode refletir esses esforços iniciais, ao invés de refletir conseqüências em curso dos incentivos e custos criados pela Constituição em si mesma.[49]

Aceito o argumento central que venho desenvolvendo, isto é, de que as relações bivariadas entre sistema de governo e indicadores de desempenho ainda não estão suficientemente bem estabelecidas, e de que o número de casos é fator limitador da análise multivariada; cabe, finalmente, referir a interpretações que tornam mais complexas, do ponto de vista conceitual, aquelas hipóteses que vimos caracterizando como parcialmente comprovadas. Tais reflexões apontam em duas direções: há autores que enfatizam a dimensão contextual, isto é, o desempenho é visto não só como dependendo do sistema de governo, mas é também condicionado pelo contexto mais geral em que atua o governo; e há autores que chamam a atenção para a eventual importância de atributos mais específicos, e internos, do sistema de governo.

O próprio Powell Jr. trata de investigar o impacto de fatores socioeconômicos sobre o desempenho, dadas as diferenças existentes entre os sistemas, e assim conclui:

- para explicar a participação político-eleitoral, dentre os vários fatores considerados, apenas o nível de desenvolvimento econômico associa-se positivamente ao comparecimento eleitoral;
- o sistema parlamentarista proporcional é o único onde, quando se controla a relação entre sistema de governo e participação eleitoral através de variáveis contextuais, a relação inicial se mantém;
- embora os sistemas parlamentaristas proporcionais tenham revelado, inicialmente, melhor desempenho quanto ao controle da violência, quando essa relação, para todos os sistemas, é controlada por variáveis contextuais, a vantagem inicial do proporcionalismo desaparece;
- com o controle feito por fatores contextuais, fica mantida a vantagem inicial do parlamentarismo proporcional no que se refere à manutenção da ordem.[50]

Há ainda autores que, como Powell Jr., apontam a cultura como um dos possíveis determinantes do desempenho dos arranjos governamentais, porém cabe aqui apenas o registro da referência, uma vez que o argumento não é sequer desenvolvido e não há, portanto, possibilidade de se verificar empiricamente o efeito de traços culturais.[51] Fred Riggs, recusa-se, em princípio, a aceitar que peculiaridades de ordem cultural possam explicar o desempenho dos sistemas de governo, mas, curiosamente, aponta que a busca de outros fatores condicionantes deve se restringir a traços ambientais ou contextuais, tais como a "*common law*", o protestantismo e a fronteira aberta, elementos associados na realidade ao presidencialismo norte-americano. O fracasso do presidencialismo, segundo ele, pode estar associado ao poder relativamente maior detido pelas burocracias de carreira, militar e civil, em face de outras instituições políticas de governo.[52]

Esta última dimensão parece ser da maior importância. Não se trata, agora, de verificar o desempenho de sistemas de governo em geral, isto é, tomados como um todo; não se trata também de incluir fatores exógenos ao sistema de governo como determinantes de seu maior ou menor sucesso. Trata-se sim de identificar combinações institucionais específicas e internas ao sistema que seriam responsáveis pelo desempenho do governo. Nessa mesma linha de raciocínio situam-se Scott Mainwaring e Matthew Shugart,[53] que vêem a associação de presidencialismo com multipartidarismo fragmentado como elemento perturbador do desempenho de sistemas presidencialistas, e Giovanni Sartori,[54] que, ao defender soluções mistas (de traços do presidencialismo com traços do parlamentarismo), enfatiza a estrutura de autoridade do governo como fator essencial ao bom desempenho.

Creio que o exame a que submetemos a literatura ao longo deste capítulo revelou que poucas são as proposições que efetivamente se sustentam quando se trata de avaliar as conseqüências políticas da prevalência deste ou daquele sistema de governo, do ponto de vista de sua efetividade. De fato, dispõe-se apenas de umas poucas "hipóteses parcialmente comprovadas". Com isso, a proposta de pesquisa é efetivamente mais rica e complexa do que o conhecimento acumulado até agora, podendo ser assim resumida: quais são os efeitos dos diferentes arranjos institucionais para a efetividade governamental, se é que existe algum? Se as instituições políticas de fato geram diferenças na capacidade de produção de políticas públicas, como se apresentam tais diferenças?[55]

Weaver e Rockman muito corretamente entendem — e com isso se escapa do mecanicismo prevalecente — que a análise deve identificar qual é o "padrão de influência governamental sobre o meio ambiente que produz substancialmente resultados semelhantes ao longo do tempo e em certas políticas".[56] Ao invés, portanto, de se postular mecanicamente certos efeitos é mais apropriado, conceitualmente, especificar as oportunidades que os sistemas provêem para que decisões políticas, sob certas condições contextuais, tenham efetividade, tratando, inclusive, de verificar se é o sistema como um todo que assegura tais oportunidades ou se isto se deve a atributos mais específicos do arranjo institucional.[57]

A discussão empreendida ao longo deste capítulo permite, a título de conclusão, formular as seguintes proposições sobre os sistemas de governo no que se refere ao seu teor democrático, admitindo-se que não há ainda base suficiente para formular proposições válidas que deem conta do desempenho desses sistemas:

a) *considerando a natureza democrática do sistema de representação, o parlamentarismo, tal como corporificado no modelo consensual, é mais democrático do que aquele que se materializa no modelo majoritário*;

b) *considerando a natureza democrática do sistema de representação, o presidencialismo será tanto mais democrático quanto mais incorporar os traços da democracia consensual; conseqüentemente será, nesse caso, mais democrático do que o parlamentarismo majoritário.*

V. Democracia e instituições políticas: o estado da arte e o aperfeiçoamento institucional no Brasil

1. Instituições políticas democráticas: o estado da arte

No capítulo I tratei de rever o processo continuado de construção da democracia representativa no pensamento político, cuidando de extrair dele critérios e princípios que pudessem traduzir os ideais democráticos de forma sintética e que permitissem, simultaneamente, avaliar o teor democrático das instituições políticas. A revisão a que submeti os vários autores discutidos certamente não faz justiça à riqueza e complexidade de seu pensamento; justifica-se, no entanto, à luz do objetivo central deste volume: examinar um conjunto de instituições políticas centrais para a democracia representativa com base em critérios estabelecidos *a priori* que dessem conta de traduzir o ideal democrático e que possuíssem valor heurístico, não só para comparar as instituições, mas também para servir de base para o seu aperfeiçoamento.

A base conceitual estabelecida para esses fins implica processo permanente e multifacetado: alargamento da *pólis* para fazê-la coincidir com o *demos*; alargamento da *pólis* para fazê-la coincidir com todo o governo; reestruturação do *demos* de acordo com o processo de divisão social do trabalho; e reestruturação do *demos* de acordo com a interação centro/periferia e os diversos atores sociais. Como vimos, esse processo foi analisado por Santos que identificou o seu período áureo como tendo ocorrido entre meados do século XIX e meados do século XX.[1] Sustento que esse processo não se esgotou e serve ainda como ponto de partida para se avaliar o teor democrático das sociedades contemporâneas e como parâmetro para sua democratização. A partir dos quatro processos acima defini três critérios operacionais que permitem mensurar o teor democrático das instituições políticas, a saber: a participação política, o grau de representatividade das instituições e o grau de dispersão do poder inter e intra-instituições.

Ao longo dos capítulos II e III examinei diferentes concepções de representação política que permearam o pensamento político e que nele ainda se fazem presentes. Analisei também as formas efetivas que dão suporte ao ato de se fazer representar. Concepções de representação e sistemas eleitorais foram examinados, então, com base nos critérios propostos para a análise do teor democrático dos principais sistemas eleitorais, análise esta que me levou ao estabelecimento de um subconjunto de proposições empiricamente orientadas que dessem conta dos objetivos inicialmente propostos:

- a representação política será tanto mais intensa quanto mais os diversos sentidos associados ao representar se fizerem presentes e quanto mais freqüente for essa presença: quanto mais intensa e generalizada for a representação, mais democrática será ela;
- quanto maior for o número de cargos públicos preenchidos através de eleição direta e quanto maior o número de tais cargos nos diversos segmentos do governo, maior será a probabilidade de se realizar adequadamente a representação e, conseqüentemente, mais democrático será o governo;
- uma eleição será tanto mais democrática quanto maior for o corpo eleitoral; no limite, o corpo eleitoral se constituirá de todos aqueles que podem ser afetados pelas decisões públicas;
- será ainda mais democrática quanto menores forem as desigualdades prevalecentes no sistema eleitoral que atribuem valor diferenciado ao voto; no limite, o voto de todos e de cada um deverá ter o mesmo valor;
- quanto maior for a proporcionalidade efetivada pela lei eleitoral, mais democrático será o sistema eleitoral. Primeiro, porque tratará com igualdade os partidos políticos, independentemente de sua força eleitoral, e, segundo, porque será menos excludente, no sentido de não negar representação às parcelas do eleitorado que tiverem optado por partidos que vierem a se revelar como eleitoralmente menores.

Tais proposições referem-se, fundamentalmente, ao processo de constituição do governo. A análise de sua gênese, portanto, dá conta do processo de alargamento da *pólis*, fazendo com que ela coincida, em uma democracia representativa, com o próprio governo e, também, de alargamento do *demos* de forma tal a fazê-lo coincidir com a *pólis*.

No capítulo IV procurei comparar os modelos de sistema de governo identificados pela literatura e que possuem correspondência com aqueles vigentes em sociedades reconhecidamente democráticas. A reflexão foi então balizada por duas questões centrais: há sistema de governo que, do ponto de vista de sua constituição, à luz dos critérios democráticos antes formulados, seja mais democrático que os demais? E, ainda, há sistema que, do ponto de vista de seu desempenho, com base em critérios correntes na literatura, tenha desempenho superior àquele dos demais sistemas?

A discussão feita levou-me a formular as seguintes proposições:

- considerando a natureza democrática do sistema de representação, o parlamentarismo, tal como corporificado no modelo consensual, é mais democrático do que aquele que se materializa no modelo majoritário;
- considerando a natureza democrática do sistema de representação, o presidencialismo será tanto mais democrático quanto mais incorporar os traços da democracia consensual; conseqüentemente, será, neste caso, mais democrático que o parlamentarismo majoritário.

Estes, e tão-somente estes, são os resultados obtidos, pois, no que se refere ao exame do teor democrático dos sistemas de governo quanto ao seu desempenho, julgo que as análises desenvolvidas até agora, e aqui discutidas, se pautam ainda por acentuada insuficiência teórico-metodológica, o que impede o estabelecimento de proposições com caráter mais definitivo. Não se avançou o suficiente para além da formulação de hipóteses de trabalho parcialmente verificadas; estas, no entanto, possuem o mérito imediato de definir uma proposta de pesquisa.

2. Federação, representação, igualdade e justiça social no Brasil

O traço essencial das democracias modernas constitui-se no equacionamento de duas ordens de questões. Por um lado, lograram as democracias definir regras de participação política, sobretudo através do voto, que levaram à progressiva implantação do sufrágio universal; por outro, criaram uma matriz de instituições com vistas a regular a competição política. O ideal democrático implica, assim, no campo das possibilidades históricas, a obtenção de graus crescentes de representatividade, legitimidade e eficácia governamental. Vale dizer: a democracia não é um estado, mas sim um processo.[2]

Duas têm sido as formas históricas de mudança política: o progressivo aperfeiçoamento das instituições a partir e dentro de uma matriz original, ou a ruptura com o arranjo institucional prevalecente seguida da implantação de novas instituições que diferem significativamente do conjunto já existente. Por razões de ordem variada, que o tempo e o espaço não permitem aqui discutir, estarei inspirado, nos parágrafos que se seguem, pela perspectiva incremental de mudança, na tentativa de minimizar os altos e imprevisíveis custos de uma mudança radical. Adoto, assim, postura conservadora no que tange ao aperfeiçoamento das instituições democráticas.

A experiência brasileira no que se refere a instituições centrais da democracia é recente, intermitente, instável e de curta duração. De fato, essa vivência, condicionada pelo necessário e indispensável contexto que inclui liberdades públicas e individuais e institucionalização da efetiva competição política, reduz-se ao ensaio democrático do regime de 1945 e à recente redemocratização do país. Dispõe-se, no total, de pouco mais de 30 anos de vida democrática, descontado é claro o interregno representado pelo regime autoritário-militar. Além disso, essa experiência tem sido marcada por relação muito particular entre sistema político e ordem política. Mudanças mais gerais na ordem requerem novo sistema partidário para a sustentação do novo regime; e o sistema é inicialmente, e até mesmo permanentemente, conformado pela posição favorável ou contra a nova ordem.

Nossa tradição legal e prática tem, ademais, mantido uma tensão constante entre o indivíduo e a instituição, entre o candidato e o partido, no sentido de que, dentro do mesmo quadro legal, há dispositivos que visam o fortalecimento do partido enquanto instituição e dispositivos que visam fortalecer os candidatos, os "puxadores de voto". Acrescente-se, ainda, a instabilidade das regras partidário-eleitorais e até mesmo dos macroatores políticos, os partidos.

A origem dos sistemas partidários, que de resto tem se caracterizado também pelos mesmos atributos acima, está sempre atrelada à mudança de regimes políticos. Esse conjunto de fatores, associados à tensão apontada entre partidos e candidatos, de origem legal e comportamental, configura uma situação na qual o partido (e, conseqüentemente, o sistema partidário) é instrumento voltado, sobretudo, para a acomodação das elites no processo de luta pelo poder, com forte enraizamento local, que se reflete também no plano nacional, gerando alinhamentos que dificultam a implantação nacional dos partidos. As funções essenciais do partido — a saber, a socialização política, o recrutamento e treinamento de quadros e a difusão e propaganda do ideário do partido, de um lado, e o exercício da representação, de outro — passam para o segundo plano, em um processo desvirtuado que é orientado apenas pela busca e exercício do poder de governo.

Com essa ligeira incursão na nossa história política, quero resgatar um único elemento. Talvez tenha chegado a oportunidade histórica, até por conta da exaustão decorrente de tudo ter que ser mudado, de buscar apenas certos elementos fortes de nossa experiência institucional e tratarmos de aperfeiçoá-los, em lugar de definir novos arranjos institucionais. É assim, por exemplo, que se deve ler os resultados dos dois plebiscitos sobre sistema de governo a que a nação já foi submetida. O aperfeiçoamento do presidencialismo, que entre nós se associa fortemente à manutenção do "popular" na política, e do sistema de representação proporcional se afiguram como dois traços do sistema político brasileiro que não podem e nem devem ser automaticamente descartados, até por conta de sua natureza democrática, como já argumentei. Também a Federação, em virtude de sua dimensão descentralizadora, é elemento claramente associado aos ideais democráticos. A perspectiva democratizante aqui adotada incorpora a manutenção desses elementos e trata de propor o seu aperfeiçoamento.

Uma nota rápida sobre o presidencialismo praticado no Brasil revela-se imprescindível. Em todo o período democrático pode ser observado que o presidente da República sempre montou seu gabinete com a preocupação de torná-lo representativo das forças políticas dominantes, isto é, sempre considerando a força relativa dos partidos no Legislativo e a força relativa das unidades federadas enquanto entidades políticas, sem considerar a aparentemente necessária inclusão de uma quota de ministros da confiança pessoal do presidente e de ministros "técnicos".[3]

Fica clara a intencionalidade presidencial: ampliar a legitimidade de seu poder, fortalecendo-o junto ao Poder Legislativo — parceiro indispensável do quotidiano —, junto aos estados e perante a opinião pública de maneira geral. Independentemente dos eventuais resultados obtidos, creio que, politicamente, a composição multipartidária e a representatividade em termos das unidades federadas gerou, e gera, mais efeitos perversos do que benefícios, quer no plano das relações intergovernamentais, quer nas relações com o Legislativo. Isso por duas razões: em primeiro lugar, eu apontaria a "federalização" ou "estadualização" de um governo que, na essência, é da União; e, em segundo lugar, a "parlamentarização" do Executivo em um sistema que, de novo, é presidencialista. Essas duas razões e seus efeitos perversos são melhor apreendidos mediante o contraste entre a realidade e os preceitos constitucionais. O Executivo e o Legislativo são poderes independentes, autônomos, embora tenham atribuições compartilhadas, entre elas a propositura e aprovação de leis. Cabe ao titular do Executivo escolher e nomear seus auxiliares diretos, aí incluídos os ministros de Estado, que a ele prestam contas e devem obediência. A organização do Executivo, no Distrito Federal e em suas ramificações nos estados, possui a hierarquia como princípio estruturante fundamental. Em conseqüência, o sistema de lealdades políticas deve acompanhar a hierarquia estabelecida no que tange a todos os cargos e, principalmente, àqueles de confiança. O próprio cargo de magistrado supremo exige que a Presidência, independentemente da extensão do apoio eleitoral que seu titular tenha obtido, seja exercida em nome e benefício de toda a nação.

Ora, a composição de um gabinete formado com base nos critérios observados leva ao primeiro escalão da República, bem como aos demais, um número elevado de políticos e de "técnicos" que, embora formalmente devam lealdade e obediência ao presidente, levam consigo uma série de vínculos e lealdades, nem sempre fáceis de serem identificados, que envolvem seu partido de origem — se parlamentares, o próprio Congresso —, seu grupo político e suas bases regionais. Enfim, creio que se cria uma situação em que as lealdades são múltiplas nem sempre se combinando de modo a fortalecer o Poder Executivo central.

Não há, pelo que eu saiba, evidência adequada para verificar essa interpretação, mas há evidência indireta de que a montagem de equipe ministerial nos termos acima descritos não equaciona adequadamente as complexas relações entre os dois Poderes, pelo menos em dois sentidos: criação de base de sustentação parlamentar para a aprovação das iniciativas e projetos do Executivo — e aqui a crítica dos parlamentaristas é procedente —, e mobilização dos estados com maior peso e visibilidade políticos em torno das iniciativas do Executivo federal. Tais problemas e dificuldades não são inerentes ao sistema presidencialista, são, sim, questões de ordem prática que têm atormentado todos os presidentes brasileiros. Sugiro que tanto a parlamentarização quanto a federalização do Executivo nacional têm contribuído para acrescentar dificuldades às já difíceis relações entre Executivo e Legislativo sob o sistema presidencialista.

A implantação da República no Brasil implicou uma segunda, e talvez tardia, ruptura com a antiga metrópole, no sentido de que então se caminhou para uma negação das instituições imperiais e metropolitanas: governo central e forte e impermeabilidade do sistema de representação para a maioria da população. A transformação das províncias em estados e o reconhecimento de sua autonomia e independência financeira foram os pilares da forma federativa então implantada embora, na prática, e por força de dispositivo constitucional, fosse comum a intervenção do governo central nos estados, com freqüência escudada na necessidade de manutenção da ordem e, no mais das vezes, apenas por razões políticas, isto é, em decorrência de disputas internas entre as oligarquias locais. Pela Constituição de 1891 podia, assim, a União decretar a intervenção nos estados, mecanismo legal que, por si só, constituía-se em poderoso recurso de poder, de dissuasão, embora a autonomia dos estados fosse em princípio resguardada.

A representação política foi também federalizada, pois a Câmara dos Deputados passa a ser composta de representantes do povo eleitos pelos estados e pelo Distrito Federal (art. 28). Desde logo entendeu-se que, em virtude do fato de o país se organizar segundo a forma federativa, o princípio de representação popular deveria estar associado ao princípio de representação territorial. Ademais, a representação territorial prevaleceria no Senado Federal como forma de assegurar politicamente a igualdade das unidades federadas. As atribuições de uma e de outra Câmara, salvo algumas atribuições privativas, eram comuns no que se refere ao exercício do Poder Legislativo. Passou-se, então, a se dispor de um bicameralismo equilibrado, que deveria assegurar a representação das minorias, na medida em que os critérios de eleição para uma e outra instituição seriam diferentes — majoritário para o Senado e proporcional para a Câmara. A igualdade de poderes entre os dois órgãos é traço que prevalece até hoje.

A política na República Velha parece revelar uma faceta extremamente perversa do federalismo então implantado: de um lado, as reiteradas tentativas da União de sobrepor-se aos estados, na tentativa de submetê-los; de outro, o esforço permanente dos estados em dominar politicamente a União, o que implicava, no jogo do poder, a sistemática exclusão da maioria dos estados da partilha que se fazia do governo da União.

A Constituição de 1934 não alterou em muito o recorte institucional estabelecido em 1891, porém ampliou consideravelmente as atribuições da União, em matéria de regulação jurídica, econômica e social, cabendo aos estados atribuições complementares. A inovação, no entanto, ocorreu com a criação de competências concorrentes da União e dos estados. Reduziram-se, por outro lado, as possibilidades de intervenção federal e de decretação do estado de sítio, reflexo da difícil convivência política entre a União e os estados, característica do período imediatamente anterior à promulgação da Constituição de 1934. Do ponto de vista da representação política, a nova Carta também inovou: aos princípios de representação popular e territorial acrescentou a representação classista, além de reduzir as atribuições privativas do Senado.

A Constituição de 1946 quase não alterou as atribuições da União previstas no texto de 1934: ampliou ligeiramente suas responsabilidades e aquelas dos estados. Eliminou-se a representação corporativa na Câmara dos Deputados e o Senado teve restabelecidas suas prerrogativas. A Constituição de 1967, de curta duração, ampliou ainda mais as atribuições da União, bem como do próprio Congresso; criou, ainda, a figura do decreto-lei. O sistema de representação política — estabelecido de fato em 1891— não foi alterado. Dá-se início, no entanto, a um movimento de descentralização financeira, na medida em que, pela primeira vez, a Constituição incorpora um sistema de partilha dos impostos federais entre a própria União, os estados e os municípios.

Os anos 80 assistiram a um movimento de democratização que implicou a autonomia política dos estados e municípios e o fim do controle centralizado da União sobre inúmeras áreas da administração estadual e local.

As diversas constituições brasileiras e as constantes mudanças de regime — quer em direção ao autoritarismo, quer no sentido da redemocratização — trazem no seu bojo uma permanente preocupação com as relações intergovernamentais, tanto do ponto de vista econômico (sobretudo fiscal), quanto do ponto de vista político: ampliação e definição de competências exclusivas e concorrentes, partilha fiscal, peso político da União e dos estados, entre outros. A oscilação historicamente verificada entre centralização e descentralização é, com freqüência, confundida, na retórica política, com democracia ou com a sua ausência; reflete, de fato, uma permanente tensão na vida política brasileira. Na doutrina, na lei e na prática, União e estados, e agora também os municípios, são constituídos como atores do jogo político, para além dos atores convencionais como o cidadão e os partidos com suas identidades próprias.

Ao território, na prática política brasileira, tem-se atribuído identidade social e política própria, e, como tal, há que lhe dar expressão política, em adição ou em substituição às verdadeiras identidades sociais. Não vejo como justificar contemporaneamente o princípio da representação territorial na política a não ser diante de duas condições: primeiro, se houver coincidência entre territorialidade e identidade social; segundo, caso essa identidade social seja politicamente relevante.

Não vejo, também, pelo menos com base em evidência *prima facie*, sobreposição desses dois critérios na realidade nacional. Não há dúvida de que qualquer recorte territorial (administrativo) do país (região, estado ou município) revela um acentuado grau de heterogeneidade, dados os indicadores convencionais. Creio, no entanto, ser igualmente verdade — e isto é apenas um corolário do que foi afirmado acima — que há grande heterogeneidade no interior das unidades territoriais antes estabelecidas. Mais, ainda, creio que o princípio da territorialidade — administrativamente indispensável — torne artificialmente semelhantes aqueles que de fato são diferentes, quando este princípio assume relevância política. Neste caso, o espaço físico não só mascara as diferenças reais — e por que não, as clivagens socioeconômicas relevantes —, como também cria obstáculos para o enfrentamento político dos problemas reais da nação.

A convivência federativa implica o equacionamento de uma gama diversificada e complexa de questões que, na realidade, não serão aqui abordadas. Destacarei desse elenco apenas a representação política, que se constitui em um dos pilares essenciais para a sustentação e consolidação de uma ordem política democrática. Nesse sentido, as notas precedentes tiveram como intuito apenas ressaltar a relevância do espaço físico no arranjo institucional brasileiro, como fonte de tensão permanente no funcionamento das instituições políticas.

Salvo melhor juízo, a análise mais compreensiva, elucidativa e persuasiva do sistema de representação política no Brasil encontra-se em *Crise e castigo. Partidos e generais na política brasileira*, de Wanderley Guilherme dos Santos, particularmente, nos capítulos II e V.[4] O autor sustenta, com propriedade, a fragilidade do federalismo brasileiro, chamando a atenção para a força relativa da União em face de suas atribuições constitucionais que, em última instância, levam à subordinação jurídico-política dos estados que "com limitada autonomia jurídico-administrativa sobre os eventos transcorridos em seu próprio território, e com diminuto poder de taxação, (...) não podiam senão depender do arbítrio do poder central, não tendo em sua defesa outro recurso que a representação política no Congresso Nacional".[5]

Creio residir aí a origem do problema: o recurso à representação política como forma de corrigir os eventuais desvios de uma Federação capenga e que inclui unidades desiguais. A conseqüência política previsível é a virtual estadualização da Câmara dos Deputados (que não se intitula "Câmara Federal") e a transformação dos deputados em procuradores-provedores de seus territórios políticos, organizados, é claro, em bancadas estaduais. A possibilidade que assim se abre pode, na prática, implicar o comportamento distributivo-extrativista, sobretudo dos deputados provenientes dos estados mais dependentes economicamente. No entanto, essa prática não é necessariamente monopólio dos estados pobres; ao contrário, tende a ser prática generalizada, por conta da própria lógica de funcionamento da Câmara.[6]

Embora se possa admitir, para fins de argumentação, que a sobrerepresentação, na Câmara, de estados menos populosos e mais pobres funcione como um contrapeso à influência, e, certamente, afluência dos estados mais populosos e ricos, há que se admitir, também, no plano da experiência histórica, que o desequilíbrio na representação em favor dos estados mais pobres não poderia, por si só, ser responsável pelo desenvolvimento mais equilibrado e harmonioso da Federação (se e quando tal ocorreu).

Descentralização e melhor repartição de rendas — enquanto mecanismos constitucionais — são caminhos mais adequados para o desenvolvimento equilibrado do país, com vistas a atingir graus crescentes de justiça social, sobretudo quando é passível de controvérsia a efetividade do desequilíbrio na representação popular como instrumento político de resistência dos estados menos favorecidos, dado que a desigualdade política assim instaurada levaria à criação de obstáculos para a convivência democrática adequada.

Santos, após análise circunstanciada do sistema de representação política no Brasil, com base em critérios previamente estabelecidos, conclui pelo seu adequado funcionamento, inclusive à luz de comparações internacionais. Retoma, no capítulo V, o desempenho da representação, agora no contexto da justiça federativa. Cabe sumariar rapidamente o argumento ali desenvolvido, antes de adicionarmos ao debate critérios outros que permitam discutir melhor a questão no contexto de uma Federação que une estados desiguais. O ponto de partida do autor situa no "federalismo representativo" a possibilidade de os estados minoritários, do ponto de vista econômico, populacional e eleitoral, defenderem seus interesses e compensarem suas inferioridades. O argumento é desenvolvido de forma tal a mostrar que não ocorreria a possibilidade de veto das minorias (Norte e Nordeste), condição da democracia, uma vez que o mais provável seria o oposto, a tirania da maioria (Sul e Sudeste). Ambas as situações, de veto da minoria e de tirania da maioria, são descartadas pela análise, donde se conclui que "o sistema parlamentar brasileiro sempre preencheu de maneira bastante apropriada o requisito de representação que impedia tanto a tirania da maioria, quanto o veto da minoria".[7]

Ademais, o autor sustenta que, apesar da existência do fenômeno da sobre-representação e da sub-representação de estados, dada a relação entre o quociente eleitoral e o eleitorado, "quanto maiores o eleitorado e a população, menor a dificuldade de obtenção de uma cadeira parlamentar, isto é, menor a densidade da representação." O custo da representação seria, assim, bem mais elevado nos estados menores que nos maiores. Conclui o autor que "diante de uma situação em que nem a ditadura da maioria nem o veto da minoria são possíveis, caberia aprimorar o que existe, e não substituí-lo completamente". Embora concordando com Santos no que se refere a essa prescrição final, o sistema ainda assim contém distorções, se e quando outros fatores igualmente relevantes para uma concepção efetivamente democrática da representação são incluídos. Este é o desafio a ser enfrentado a seguir.

Os artigos 14 e 45 da Constituição preceituam, respectivamente, que:

> A soberania popular será exercida pelo sufrágio universal e pelo voto direto secreto, com igual valor para todos, e, nos termos da lei (...).

> A Câmara dos Deputados compõe-se de representantes do povo eleitos pelo sistema proporcional, em cada estado, em cada território e no Distrito Federal.

Pode parecer curiosa a referência a artigos da Constituição vigente em texto de orientação reformista; entendo, no entanto, que os artigos supracitados consagram princípios essenciais e indissociáveis da democracia representativa: soberania popular; voto direto e secreto e com igual valor para todos; e representação do povo. O princípio geral que orienta o texto constitucional diz que o cidadão é quem se faz representar, e não o estado, e que a base da representação deve ser a igualdade perante a lei. A adoção da proporcionalidade só reforça esse princípio e aponta para o igual tratamento perante a lei, no que se refere a partidos e a cidadãos, no processo de transformação de votos em cadeiras. Essa conceituação se afigura como imbativelmente democrática, na medida em que nenhuma outra concepção realizaria melhor o princípio de igualdade política. Não há, assim, razão para alterar a Constituição nesse aspecto, se e quando o reformismo institucional estiver inspirado pelo ideal democrático. As mazelas de nosso sistema de representação existem e são por demais conhecidas, porém não residem na adoção da proporcionalidade. Basta, creio, mencionar os principais aspectos que têm gerado distorções inaceitáveis e tratar de identificar as soluções mais adequadas.[8]

O proporcionalismo, entre nós, apresenta duas distorções principais: a primeira refere-se à distribuição de cadeiras entre os estados — levando à sub-representação dos mais populosos, sobretudo de São Paulo, embora recentemente o problema tenha sido reduzido com a ampliação do número de cadeiras ali alocadas, e à sobre-representação de estados menos populosos, principalmente os das regiões Norte e Nordeste. A conseqüência resultante desse desequilíbrio consiste, no plano individual, no desigual tratamento do eleitor, que é beneficiado ou penalizado em função de seu domicílio eleitoral ter menor ou maior polulação, respectivamente. No segundo caso, são discriminados os partidos menores, no já referido processo de alocação de cadeiras. Duas situações tipificam essa distorção: um partido nacionalmente forte, do ponto de vista eleitoral, que obtiver em um certo estado uma votação pequena será penalizado, enquanto um partido nacionalmente diminuto poderá, graças a uma boa votação em um grande estado, vir a ser beneficiado.

Os fatores responsáveis por esse tratamento desigual conferido aos atores participantes do processo eleitoral já foram suficientemente identificados e avaliados pela literatura nacional e internacional. Em primeiro lugar, a fórmula adotada desde 1950 no Brasil é, dentre as fórmulas proporcionais, precisamente aquela menos proporcionalizante. Em segundo lugar vem a magnitude da representação, também objeto de igual tratamento na literatura, que se refere ao número de cadeiras a serem preenchidas — esse valor varia muito de estado para estado em decorrência de igual variação no tamanho da população.

O pleno estabelecimento da igualdade perante a lei e a conseqüente valorização da cidadania requer, portanto, a adoção de medidas condizentes com a prática da igualdade. A utilização de fórmula de alocação de cadeiras que seja mais proporcionalizante eliminaria, de início, grande parte da distorção hoje existente. Além disso, caberia adotar uma divisão eleitoral no país em que as circunscrições eleitorais tivessem população aproximadamente igual e que, conseqüentemente, tivessem direito a eleger um número também igual de deputados federais. Decisões como estas, além de introduzirem de fato a igualdade perante a lei eleitoral, restituiriam à Câmara dos Deputados seu caráter de instituição representativa do povo. Tal medida viria retirar da representação a atual combinação esdrúxula entre o princípio de representação popular e o princípio, hoje caduco, de representação territorial. Este continuaria a prevalecer no Senado Federal, onde se resguardaria o ideal de igualdade entre as unidades federadas. Adicionalmente, o redistritamento eleitoral do país poderia "desestadualizar" a política na Câmara dos Deputados, tornando os representantes mais responsáveis perante o seu eleitorado e menos dependentes da política dos governadores de estado.

É indispensável, no entanto, assegurar o desenvolvimento harmônico da Federação, dando ao governo da União todas as condições necessárias para cumprir esse objetivo. Do ponto de vista da representação, sem considerar, portanto a repartição das responsabilidades públicas entre os diversos níveis de governo e a repartição da receita pública, entendo que levar a sério a Federação implicaria alterar as atribuições da Câmara e do Senado. Trata-se, em última instância, de substituir o princípio de representação territorial que hoje incide negativamente sobre aquele da representação popular na Câmara, por princípio de justiça social regionalmente aplicável que se viabilizaria alterando-se as atribuições do Senado de forma tal a transformá-lo em guardião do desenvolvimento equilibrado, harmônico e justo da Federação.

Deixaria o Senado de funcionar automaticamente como câmara revisora; só o faria quando entendesse que os princípios de justiça, enquanto base do desenvolvimento da nação, estivessem ameaçados, comprometidos ou inviabilizados em decorrência de decisão emanada da Câmara. Esta solução, parece-me, aperfeiçoa os mecanismos de representação sem comprometer o ideal de desenvolvimento equilibrado do país, objetivo que não está hoje plenamente assegurado na Constituição. Pelo contrário, tais modificações, além de garantirem representação mais justa, submeteriam o desenvolvimento da nação a princípios de justiça social, tornando ainda mais sólida a própria Federação.

3. O sistema eleitoral e partidário no Brasil

Considerando a estrutura do voto e a forma pela qual as candidaturas são postas entre nós, identifico alguns aspectos que, se alterados, implicariam ganhos em legitimidade para o sistema eleitoral. Vejamos, preliminarmente, alguns traços do comportamento do eleitor em face das alternativas que lhe são oferecidas a cada eleição. Refiro-me ao eleitor que acaba por manifestar positivamente sua preferência, votando em partido ou em candidato. As pesquisas eleitorais têm revelado de forma inquestionável que as preferências do eleitor são bastante instáveis ao longo do tempo: é comum o eleitor votar só no candidato, só no partido e, até mesmo, votar em candidatos de partidos diferentes, quando mais de um cargo está para ser preenchido. É também comum o eleitor, entre eleições consecutivas, mudar a direção do voto, optando por partidos distintos.

Muitas são as razões que impedem a cristalização, no eleitorado, de preferências estáveis e previsíveis. Interessa aqui apontar para certos fatores institucionais que, se modificados, permitiriam ao eleitor formar com mais nitidez e facilidade uma imagem de partidos e candidatos: a possibilidade hoje oferecida de votar só no partido ou só no candidato; o número elevado, em eleições proporcionais, de candidatos inscritos por cada partido, e a possibilidade aberta aos partidos de se aliarem ou coligarem em eleições proporcionais.[9]

Quanto às opções de voto, caberia considerar a possibilidade de o eleitor escolher apenas o partido de sua preferência em eleições proporcionais, deixando para o partido o ordenamento da lista de candidatos. A vantagem da adoção desse procedimento consistiria em que o partido deveria ter o máximo cuidado na composição da lista; a desvantagem óbvia é que a elaboração de lista fechada poderia levar à oligarquização partidária. Como o Brasil ainda dispõe de partidos frágeis em número elevado, entendo que seria vantajosa a manutenção das atuais opções de que dispõe o eleitor pois, no mínimo, a prática atual implica maior participação deste eleitor, uma vez que o número de opções também é maior.

No que tange ao tamanho das listas partidárias de candidatos, a lei faculta ao partido incluir um número de candidatos superior ao número de cadeiras a serem preenchidas nos órgãos legislativos, procedimento em si pouco racional, mas que visa permitir ao partido a maximização da votação total no partido, com vistas a fortalecê-lo na disputa de cadeiras não-preenchidas através do quociente eleitoral. O procedimento, no entanto, em nada facilita a decisão do eleitor que, além de ter que optar por um partido, tem também que optar por candidato em lista partidária muito longa.

Quanto ao último fator antes mencionado, não se justifica também a permissão de alianças em eleições proporcionais; se os partidos que a promovem possuem afinidades que justifiquem a aliança, melhor seria que se fundissem.

Em anos recentes a remoção do entulho autoritário e a democratização geraram uma legislação extremamente liberal no que se refere à criação de partidos, sem que, simultaneamente, as organizações se auto-regulassem, como prescreve a atual Constituição. Além disso, a Carta Magna alterou significativamente o estatuto do partido político, que deixou de ser regulado pelo direito público e perdeu o monopólio da representação no Legislativo, uma vez que essa é detida, de fato, pelo congressista. As novas regras permitem, inclusive, que os legisladores se organizem em blocos para atuarem no interior dos corpos legislativos.[10]

A legislação que regula a criação de partidos é efetivamente permissiva. Nos anos 80 assistimos ao surgimento de número elevado de partidos. Isto, no entanto, não é um problema em si, até porque não há como definir *a priori* um número adequado de partidos para uma sociedade, qualquer que seja ela. No entanto, quando além de se dispor de um número elevado de partidos observa-se um virtual desaparecimento de grandes partidos, aí, sim, existe um problema. Cabe resguardar a possibilidade de qualquer grupo de cidadãos se organizar livremente e concorrer às eleições; outra questão, no entanto, é permitir que pequenos partidos, sem densidade social e política, se façam representar nos órgãos legislativos; nesse caso, há que se definir exigências adicionais para que os partidos obtenham representação política. Cabe, ainda, introduzir na legislação sanções positivas e negativas que visem o seu fortalecimento no âmbito da sociedade e do Poder Legislativo.

O princípio a ser seguido em um processo de reforma institucional implica a introdução de maiores graus de responsabilidade no funcionamento das instituições e a especificação de regras que, no mínimo, elevem os custos do comportamento individual irresponsável. Nesse sentido, sugiro as seguintes normas:

- proibição de troca de legenda por parte do detentor de mandato popular no interstício de duas eleições; ao parlamentar só seria permitida a troca de legenda no ano eleitoral imediatamente anterior ao do fechamento das listas partidárias; diante de grave questão de consciência, fora do período antes especificado, o parlamentar se desligaria do partido e permaneceria sem legenda;

- estabelecimento de um patamar mínimo de votação total distribuído pelo território nacional para que o partido participasse do processo de alocação de cadeiras, e de cláusula de exclusão adicional, além do coeficiente partidário; o candidato eleito, no entanto, seria diplomado, mas ficaria sem legenda no Legislativo;
- condições mais rígidas para o efetivo registro de partido junto aos tribunais eleitorais.

A comparação da realidade partidária atual com aquela vigente durante o regime de 45 é elucidativa. À época, o registro de partido era também igualmente fácil; no entanto, convivemos por 21 anos com apenas 13 partidos; na esmagadora maioria dos estados, em eleições federais e estaduais, concorriam e se faziam representar de dois a cinco partidos, números que não são muito diferentes dos que se verificam na maior parte dos países. A razão de ser desta digressão consiste em chamar a atenção para o fato de que instituições, normas e leis são indutoras de comportamento, mas não asseguram total conformidade ao que nelas está prescrito.

No que se refere à natureza dos partidos, vistos isoladamente, deve-se lembrar que eles têm funcionado de modo intermitente e pouco orgânico, além de existir um número razoável deles que, embora adotem também uma estrutura federativa, pouco têm de nacional e, de resto, não cumprem minimamente as funções que se associam a organizações partidárias. Senão vejamos.

O objetivo primeiro de um partido deve ser preencher adequadamente a função de socialização e recrutamento de quadros, por um lado, e de difundir seu programa político, de outro. O não-atendimento de tais funções, que devem integrar a prática quotidiana do partido, é, em grande medida, responsável pelo distanciamento do partido da sociedade politicamente organizada. É, ainda, responsável pelo processo freqüentemente deplorável de seleção de candidatos. Ademais, o personalismo típico dos sistemas partidários brasileiros só pode ser evitado no contexto de organizações sólidas, onde o interesse coletivo se sobreponha ao particularismo dos interesses individualistas.

Em segundo lugar, para além de atender às necessidades de sobrevivência organizacional, cabe aos partidos representar segmentos socialmente significativos e exercer funções de governo. De novo, uma e outra função requerem não apenas partidos solidamente estruturados e representativos, como também pressupõem uma organização nacional com finalidades para além de seus interesses organizacionais *stricto sensu*. Há que se caracterizarem por possuir programas gerais, objetivos sociais e projetos que os individualizem, tornando nítidas para a sociedade suas diferenças, peculiaridades e propostas de ação governamental.

Cabe à legislação, portanto, zelar para que os partidos cumpram com as suas três funções essenciais, o que, suspeito, dificilmente poderá ser logrado enquanto os partidos mantiverem o seu atual estatuto jurídico de entidade submetida ao direito privado: socialização política, recrutamento de quadros, propaganda e difusão; organização e estrutura permanente e nacional adequadas para competirem eleitoralmente com vistas a representarem segmentos sociais organizados ou não; e assegurar o exercício partidário das funções de governo.

Dentro, ainda, de uma visão reformista das instituições, é preciso reconhecer que as campanhas são muito longas e dispendiosas, e assim ocorrem, em grande parte, em função da necessidade que os partidos têm de se darem a conhecer — e não como seria de se esperar, de disputarem as eleições — e, em parte, por conta da regulação que reflete, admite e reconhece a necessidade acima apontada. Isto porque os partidos não possuem organização e estrutura que lhes permitam o funcionamento permanente junto à sociedade. A aparente necessidade de distribuição de "brindes", os custos elevados de produção associados à divulgação pela mídia são fatores adicionais para o encarecimento das campanhas, sem considerar, é claro, outras despesas menos legítimas e por vezes ilegais. Pouco tem o país progredido nessas matérias; tímidas têm sido as mudanças; muitos têm sido aqueles que se beneficiam direta ou indiretamente da indústria eleitoral. As dificuldades de se avançar nessa questão, suspeito, estão diretamente relacionadas com o fato de que grande parte das mudanças legais deveria ter como *locus* de regulação a justiça eleitoral, e não o Legislativo.

Para que se possa, de fato, reduzir os custos das campanhas seria aconselhável diminuir, de imediato, a sua duração; o tempo fixado passaria a depender do tamanho do eleitorado e de sua dispersão geográfica, além da natureza do cargo em disputa. Em adição, haveria que se dotar os partidos de capacidade financeira adequada para que pudessem exercer suas atividades não só nas campanhas, mas também nos interstícios das eleições. O atendimento desses objetivos requer legislação cuidadosa visando, por um lado, proteger o eleitor consumidor de propaganda enganosa e duvidosa e, por outro, garantir a transparência e adequada utilização dos recursos financeiros postos à disposição dos partidos que, de preferência, deveriam ser de natureza pública, o que, de novo, o atual estatuto jurídico dos partidos talvez não permita.

Às vésperas de eleições o Poder Legislativo sempre se mobiliza para regular o acesso dos partidos ao fundo partidário e aos meios de comunicação de massa, ambos recursos reconhecidamente poderosos, sobretudo durante as campanhas. É de fundamental importância que o acesso seja definido a partir de critério justo; ele não deve ser visto como um prêmio ao bom desempenho do partido na eleição anterior. Sugiro como critério para a distribuição de tais recursos a força relativa do partido junto à opinião pública, a votação, até porque a fórmula utilizada para a transformação de votos em cadeiras, como já mostrei, penaliza os pequenos partidos e favorece os grandes partidos.

O presidencialismo, o princípio de proporcionalidade e a Federação são instituições típicas da vida política brasileira contemporânea; ademais, são traços constitutivos do ideário e da prática democrática saudável pelo mundo afora; no Brasil e no resto do mundo, são igualmente passíveis de aperfeiçoamento; de permanente aperfeiçoamento.

Notas

I. Trajetórias e dilemas da democracia

1. Rousseau (1978), Livro Segundo, caps. I e II.
2. Beyme, "O papel do parlamento no processo de modernização dos países da Europa Ocidental", in Mendes (1975), p.86.
3. Campos, "O poder legislativo e o desenvolvimento", in Mendes (1975), p.36.
4. Ibid., p.38.
5. Ibid., p.35.
6. Além de Roberto Campos, há o diagnóstico de Celso Furtado no artigo "Political obstacles to economic growth". In Veliz (1969). Recentemente, em excelente análise, a decisão legislativa é o cerne da tese de doutorado de Fabiano Guilherme Mendes Santos (1994). Ver, ainda, Figueiredo et al. (1994).
7. Ranney, "A vulnerabilidade dos legislativos e seu significado para o desenvolvimento político", in Mendes (1975), p.102.
8. Held (1987). O autor inspira-se, claramente, na elaboração do que entende serem os nove modelos de democracia, in Macpherson (1977).
9. Idem.
10. Montesquieu (1979), p.147-8.
11. Ibid., p.166.
12. Jefferson (1979), p.23.
13. Ibid., p.24.
14. Hamilton et al. (1979), caps. X, XLVII e LI.
15. Tocqueville (1977). Cf., particularmente, Livro I, Primeira Parte, caps.IV, V e VI.
16. "De como a forma idealmente melhor de governo é a representativa", in Mill (1964), p.39.
17. Ibid., p.40.
18. Ibid., Cf. cap. V, "Das funções próprias aos corpos legislativos".
19. Ibid., p.66.
20. Ibid., p.71.
21. Idem.
22. Mill, op. cit., cap.VIII.

23. Weber (1978), v.II, p.973. Cf. Weber (1973), onde o autor desenvolve amplamente a questão.
24. Idem.
25. Schumpeter (1976), p.284 e 285.
26. Huntington (1968), p.79.
27. Miliband (1969).
28. Poulantzas (1973), especialmente p.331-40.
29. Offe (1984); e Offe & Ronge in Offe, op. cit.
30. Pateman (1970), p.109, apud Held (1987), p.260.
31. Schmitter (1974), p.93-4.
32. Held, op. cit., p.214-20.
33. Baseio-me, a seguir, essencialmente em Held. Cf. seu cap. 7 ("From stability to crisis"), op. cit., p.221-42.
34. Cf., entre outros, Brittan, "The economic contradictions of democracy", apud Held, op. cit., (1975); Rose e Peters (1977).
35. Held, op. cit., p.230-3
36. Habermas (1976); Offe (1984).
37. Held, op.cit., p.233-6.
38. Santos (1985).
39. Pizzorno, "Introdución al estúdio de la participación política", in Pizzorno, Kaplan e Castells (1976).
40. Santos, op.cit., p.286.
41. Ibid., p.288 e 289.
42. Ibid., p.291.
43. Ibid., p.287.
44. Przeworski, "Democracy as a contingent outcome of conflicts". In Elster e Slagstad (1993).
45. Dahl (1970). Cf. cap.1 e final do cap.2.
46. Ibid., cap.3.
47. Held, op. cit., cap.8.
48. Particularmente Nozick (1974); Hayek (1976) e (1982).
49. Lijphart (1984). Cf. especialmente caps.1 e 2.
50. Santos, op. cit. Cf. nota 38.
51. Held, op. cit., p.283.
52. Ibid., p.290.
53. Idem.
54. Idem.

II. A representação política: origens, concepções e controvérsias

1. Hobbes (1979), p.96.
2. Idem.
3. Idem.

4. Ibid., p.98. Esta idéia de unidade do todo representando partes diferentes que só existem pela integração no todo me parece francamente de origem religiosa-cristã: o mistério da Santíssima Trindade, que é una.
5. Hobbes, op. cit., p.105.
6. O capítulo XVIII, "Dos direitos dos soberanos por instituição", de onde provêm estas citações, arrola 13 direitos dos soberanos, verdadeira justificativa ético-política do absolutismo.
7. Locke (1978), p.71.
8. Idem.
9. Ibid., p.86.
10. Essa avaliação é de Pitkin, "Introdução", in Pitkin (1969), p.4.
11. Burke, passagens selecionadas de obra vária. In Pitkin, op. cit., p.188.
12. Ibid., p.158.
13. Ibid., p.164.
14. Ibid., p.169-70.
15. Ibid., p.174-6.
16. Tavares (1993). Esta tese foi, em parte, publicada como *Sistemas eleitorais nas sociedades contemporâneas* (Rio de Janeiro, Relume-Dumará, 1994). O livro, no entanto, não inclui a primeira parte da tese ("A teoria da representação política e os sistemas eleitorais") a que estou me referindo. As citações, portanto, pertencem à tese, não ao livro.
17. Ibid., p.96-7.
18. Ibid., p.100-1.
19. "Governo fundado na vontade do povo", in Jefferson (1979), p.23. A citação encontra-se na p.23.
20. Ibid., p.26.
21. Ibid., p.31.
22. Hamilton et al., op. cit., p.135.
23. "A teoria da democracia proporcional de José de Alencar", in Santos (1991), p.14.
24. Alencar (1868), in Santos, op. cit., p.28-9.
25. Ibid., p.35-6.
26. Ibid., p.14.
27. Ibid., p.36-7.
28. Ibid., p.20.
29. Mill (1984), p.115.
30. Ibid., p.111.
31. Ibid., p.129.
32. Ibid., p.189.
33. Ibid., p.247.
34. Ibid., p.247-8.
35. Sterne, "Proportional representation", in Pitkin, op. cit., p.76. O texto original de Sterne é de 1871.
36. Hare (1865).

37. Sterne, op. cit., p.75 (nota 35).
38. "Introduction", in Pitkin, op.cit., nota 10.
39. O processo geral de mudança social e sua conexão com o Estado contemporâneo foram examinados no capítulo I.
40. O texto de base será "Parlamentarismo e governo numa Alemanha reconstruída", in Weber (1980).
41. Ibid., p.16.
42. Ibid., p.17.
43. Ibid., p.18-9.
44. Ibid., p.28.
45. Ibid., p.30.
46. Merquior (1990), p.112.
47. Ibid., p.69.
48. Ibid., p.75.
49. "Introduction", in Pitkin, op.cit., (cf. nota 10), p.67.
50. Ibid., p.7
51. Gosnell, "Pleasing the constituents", in Pitkin, op.cit., p.99.
52. Ibid., p.104.
53. Ibid., p.105.
54. Ibid., p.116.
55. Em discussão sobre as funções do Legislativo mostrei que é esta também a solução dada por Montesquieu. Cf. capítulo I.
56. "Introduction", in Pitkin, op.cit., p.16-7.
57. "Political representation", in Pitkin (1967), op.cit., p.209-10.
58. Cf. entre outros, Berelson, Dahl e Sartori. Suas restrições serão apresentadas a seguir. A concepção de democracia enquanto método político apenas foi discutida em outro texto: "Racionalidade, burocracia e elitismo". Cf. nota 39.
59. Berelson, Lazarsfeld e Mcphee (1954). Cf., particularmente, o cap. 14.
60. Dahl (1989a), *Um prefácio à teoria democrática*, p.90.
61. Cf. Sartori (1962).
62. Griffiths, "How can one person represent another?", in Pitkin (1969), op.cit.
63. Pitkin (1967), op.cit., p.221-2.
64. Ibid., p.221.
65. Ibid., cf. nota 57.
66. Thompson, "Representation in the welfare state", in Gutmann (1988), p.131.

III. Sistemas eleitorais: princípios de representação, conceitos e efeitos políticos

1. Sartori (1976a), cap.1.
2. Rokkan, "Electoral systems", in Sills (1968), vol.V e VI, p.7-20.
3. Segundo o autor, na Inglaterra, esta reforma teve início com a *Reform Act* de 1832, e fim com a abolição do voto múltiplo em 1948. Na Bélgica, a passagem

do regime de representação de "estados" para o regime censitário foi rápida (1831), porém, a fase do voto múltiplo prevaleceu até 1917. Na Suécia a representação de "estados" foi abolida em 1866, mas as desigualdades no sistema eleitoral permaneceram até 1921.

4. De fato, o tratamento igual das preferências expressas pela população, ou por segmentos sociais, ou indivíduos, é um dos três requisitos mínimos para o exercício do governo democrático, tal como formulados por: Dahl, Robert (1989b), *La poliarquia: participación y oposición*, Madri, Tecnos.
5. "Introduction", in Bogdanor e Butler (1983), p.3.
6. As funções do Legislativo foram discutidas no capítulo I.
7. Duverger, "Which is the best electoral system?", in Lijphart et al (1984), p.36.
8. A primeira análise sistemática dos efeitos das fórmulas eleitorais encontra-se em Rae (1967).
9. A ausência de representação é associada primordialmente aos princípios majoritário e de pluralidade, mas ocorre também em sistemas eleitorais proporcionais que se afastem muito da proporcionalidade perfeita, bem como em qualquer sistema que inclua a cláusula de exclusão, isto é, um patamar eleitoral mínimo para que o partido participe da alocação de cadeiras.
10. Alencar, in Santos (1991), op.cit., p.9.
11. Trato de José de Alencar, antes mesmo de John Stuart Mill — teórico conhecido como defensor primeiro do proporcionalismo — em virtude do exame realizado por Santos (ver nota anterior) reconhecendo a primazia cronológica de Alencar em defesa da proporcionalidade.
12. Alencar, op.cit., p.11 e 12.
13. Alencar, op.cit., Cf., p.33 a 45 de *O sistema representativo*.
14. Mill (1948), op.cit., p.209.
15. Mill, no entanto, arrola algumas exclusões admissíveis: quem não sabe ler e escrever, quem não sabe aritmética, os que não pagam impostos ou dependem da caridade pública para sobreviver. Cf. Mill (1948), op.cit., p.212-5.
16. Lima Júnior e Abranches (1983a), p.126.
17. Rokkan, op.cit., p.6.
18. Rae, op. cit., p.14.
19. Rae, op.cit. Cf. particularmente a primeira parte da obra.
20. Tavares (1994). Cf. particularmente a discussão empreendida no cap.1.
21. Ibid., p.62-5.
22. Cf. Tavares (1994), op.cit. O autor, no capítulo II, da parte II, acompanha as várias formulações que Duverger deu às suas três "leis" (p.237-52); as leis são discutidas em "L'influence des systèmes electoraux sur la vie politique", *Cahiers de la Fondation Nationale des Sciences Politiques*, 16, Paris, A. Colin, 1990; *Droit constitutionel et institutions politiques*, Paris, PUF, 1955; *Political Parties*, Nova York, John Wiley & Sons, 1963; "Which is the best electoral system", in Lijphart e Grofman (1984), op.cit.; e em "Duverger's law: forty years later", in Grofman e Lijphart (1986).

23. Sartori (1976b), "The influence of electoral systems: faulty laws or faulty method". In: Grofman e Lijphart, op.cit., nota 1. Cf., também, o artigo de William Riker, "Duverger's law revisited", na coletânea supracitada.
24. Riker refere-se a Artur Holcombe (1910), para quem a tendência da eleição por pluralidade em direção ao bipartidarismo seria irresistível (apud Tavares, p.252). Também nos Estados Unidos, Schattschneider em *Party Government* (1941) e Key Jr. em *Politics, Parties and Pressure Groups* (1947) chegaram à mesma conclusão.
25. Rae, op.cit.
26. Rae, op.cit, parte II, "Análise".
27. Esta proposição aparece em sexto lugar no Apêndice A, "Sumário proposicional dos resultados". Cito-a em primeiro lugar pois é freqüente encontrar referências, não só ao jornalismo político mas também em textos de orientação (supostamente) acadêmica, que atribuem à engenharia político-eleitoral e a um reformismo mal-fundamentado analiticamente a capacidade de alterar o sistema partidário que a lei eleitoral efetivamente não tem: seu efeito é marginal.
28. Cf. Rae, op.cit., Apêndice A, p.151.
29. Cf. Rae, op.cit., Apêndice A, p.152-3.
30. *Seats and Votes* de Taagepera e Shugart, foi publicado em 1989, New Haven, pela Yale University Press, mesma editora do livro de Rae. O artigo "The political consequences of electoral laws" — mesmo título do livro de Rae — é de Arend Lijphart e apareceu na *American Political Science Review*, 84(2), de junho de 1990. Finalmente, *Electoral Systems and Party Systems*, também de Lijphart, foi publicado em 1994, pela Oxford University Press.
31. Taagepera e Shugart, op.cit., p.234.
32. Ibid., p.65.
33. Idem.
34. A situação brasileira é curiosa, pois existe enorme variação na magnitude do distrito eleitoral que, entre nós, corresponde às unidades federadas.
35. Cf. Rokkan, "Electoral systems", in Sills, op.cit., nota 2.
36. "The political consequences of electoral laws", in Lijphart (1990); e Lijphart (1994a).
37. Cf. "On sociological theories of middle range", in Merton (1968), p.39-72.
38. Tavares, op.cit., nota 11, p.248-9.
39. Lijphart (1994a), op.cit., p.72.
40. Ibid., p.73.
41. Ibid., p.75.
42. Ibid., p.111 e 113.
43. O autor concorda com esta interpretação, tal como formulada por Michael Gallagher em "Proportionality, disproportionality and electoral systems", in Gallagher (1991).
44. Santos (1987), p.37.
45. Idem.

IV. Sistemas de governo, desempenho e democracia

1. Dahl (1989b), p.13.
2. A concepção de poliarquia aqui discutida encontra-se em Dahl (1989b), p.13-26.
3. Ibid., p.24.
4. Valho-me da edição portuguesa de 1989.
5. Lijphart (1989), op.cit., p.14.
6. Ibid., p.16-7.
7. A discussão que se segue está baseada nos capítulos 1 e 2 da obra de Lijphart.
8. Mainwaring (1993), p.198.
9. Lamounier, "Brasil: rumo ao parlamentarismo", in Lamounier e Valenzuela (1991), p.17.
10. Ibid., p.19.
11. Ibid., p.51.
12. O argumento está em Lamounier, op.cit., p.51 e 52.
13. Linz, "Presidential or parliamentary democracy: does it make a difference?", in Linz e Valenzuela (1994). Este artigo é expansão de texto com igual título publicado anteriormente em *A opção parlamentarista* (1991) (cf. nota 11).
14. Ibid., p.7.
15. Ibid., p.62.
16. Ibid., p.69.
17. O texto sob exame é "Presidentialism and majoritarian democracy: theoretical observations". In: Linz e Valenzuela, op.cit.; ver nota 15. Os modelos aqui examinados encontram-se em Lijphart (1989), op.cit.; cf. nota 4.
18. "Presidentialism and majoritarian democracy...", p.91.
19. Ibid., p.98-9.
20. "Presidentialism and parliamentarism in comparative perspective", in Linz e Valenzuela (1994), op.cit.
21. Apud Stepan e Skach, op.cit., p.121-3.
22. Ibid., tabelas 4.3 e 4.4, p.124-5.
23. Ibid., p.132.
24. Cf. discussão mais adiante, ainda nesta seção.
25. Mainwaring (1993).
26. Ibid., p.199.
27. Ibid.; cf. quadro 5, p.211. O autor apenas lista nominalmente os países; a contagem é minha.
28. Idem.
29. Mainwaring e Shugart (1995), op.cit.
30. Cf., Lima Júnior (1994).
31. Ibid., p.41.
32. Ibid., p.43.
33. Amorim Neto (1991).
34. Nicolau (1995).
35. Ibid., p.18.

36. Powell Jr. (1982).
37. Santos (1987), op.cit.
38. Powell Jr., op.cit., p.72.
39. Ibid., cf. tabela 2.2, p.19.
40. Santos (1987), op.cit., p.62.
41. Ibid., p.75.
42. A discussão do desempenho dos sistemas de governo concentra-se no capítulo 4 do livro de Powell Jr.
43. Shugart e Carey (1992). Cf. particularmente o cap.13, p.273.
44. Lijphart (1994b), p.4.
45. Lijphart (1991).
46. Ibid., p.5-8.
47. Ibid., p.8.
48. Powell Jr., op.cit.; cf. nota 36.
49. Powell Jr., "Contemporary democracies: participation, stability and violence", in Lijphart (1992), p.229
50. Powell Jr. (1992), op.cit.; cf. nota 49.
51. É o caso, por exemplo, de Lipset, "The centrality of political culture", in Lijphart (1992), op.cit. O autor refere-se, especificamente, ao protestantismo e à herança britânica.
52. Riggs, "Presidentialism: a problematic regime type", in Lijphart (1992), op.cit.
53. Mainwaring e Shugart (1995), op.cit.
54. Sartori, "Neither presidentialism nor parliamentarism", in Linz (1994).
55. Weaver e Rockman (1993), cap.1.
56. Ibid., p.6.
57. Reformulo, em parte, a proposta de Weaver e Rockman tal como apresentada no penúltimo capítulo de *Do Institutions Matter?*, op.cit., p.446-7.

V. Democracia e instituições políticas: o estado da arte e o aperfeiçoamento institucional no Brasil

1. Santos (1985), op.cit.
2. Essa seção e a subseqüente desenvolvem um conjunto de idéias que publiquei em: "Reforma institucional e aperfeiçoamento dos sistemas eleitoral e partidário", Rio de Janeiro, Iuperj, *Agenda de Políticas Públicas*, n.2, nov.1992; e "Democracia e reforma institucional: liberdade, igualdade e justiça social", Belo Horizonte, UFMG/DCP, *Ensaios,* n.4, maio 1993.
3. Sobre a composição ministerial: cf. Amorim Neto (1991), op.cit.; e Abranches (1988).
4. Santos (1987), op.cit.
5. Ibid., p.33.
6. Mendes Santos (1994), op.cit.
7. Santos (1987), op.cit.

8. Cf., principalmente Nicolau (1991) e Lima Júnior e Mendes Santos, "O sistema proporcional no Brasil: lições de vida", in Lima Júnior (1991); e Nicolau (1994) e (1995).
9. Sobre alianças e coligações em eleições proporcionais, cf. Lima Júnior (1983b), cap.3.
10. Em *Democracia e instituições políticas no Brasil dos anos 80* faço uma análise do sistema multipartidário brasileiro implantado a partir de 1979.

Bibliografia

Abranches, Sérgio H.H. (1988), "Presidencialismo de coalizão: o dilema institucional brasileiro". *Dados*, Rio de Janeiro, v.31, n.1.

Alencar, José de (1991), "O sistema representativo". In Santos, Wanderley Guilherme dos. *Dois escritos democráticos de José de Alencar*. Rio de Janeiro: UFRJ.

Amorim Neto, Otávio (1991), *Formação ministerial em sistemas presidencialistas multipartidários: o caso brasileiro (1946-1964)*. Rio de Janeiro: Iuperj (dissertação de mestrado em ciência política).

Berelson, B.B., P. F. Lazarsfeld e V.N. Mcphee (1954), *Voting*. Chicago: Chicago University Press.

Beyme, Klaus von (1975), "O papel do Parlamento no processo de modernização dos países da Europa ocidental". In Mendes, Candido (org.). *O Legislativo e a tecnocracia*. Rio de Janeiro: Imago/Candido Mendes.

Bogdanor, Vernon et al. (1983), "Introduction". In *Democracy and Elections: Electoral Systems and Their Political Consequences*. Cambridge: Cambridge University Press.

Brittan S. (1975), "The economic contradictions of democracy". *British Journal of Political Science*, v.5, n.1.

Burke, Edmund (1969), "Passagens selecionadas de obra vária". In Pitkin, Hannah F. *Representation*. Nova York: Atherton Press.

Campos, Roberto (1975), "O poder legislativo e o desenvolvimento". In Mendes, Candido (org.). *O Legislativo e a tecnocracia*. Rio de Janeiro: Imago/Candido Mendes.

Dahl, Robert (1970), *After the Revolution*. New Haven: Yale University Press.

______ (1989a), *Prefácio à teoria democrática*. Rio de Janeiro: Jorge Zahar.

______ (1989b), *La poliarquia: participación y oposición*. Madri: Technos.

Duverger, Maurice (1986), "Duverger's law: forty years later". In Grofman et al., *Electoral Laws and Their Political Consequences*. Nova York: Agathon Press.

______ (1984), "Which is the best electoral system?". In Lijphart, Arend et al., *Choosing an Electoral System: Issues and Alternatives*. Nova York: Praeger Books.

______ (1963), *Political Parties*. Nova York: John Wiley and Sons.

Elster, John e Rune Slagstad (1993), *Constitutionalism and Democracy*. Cambridge: Cambridge University Press.

Figueiredo, Argelina et al. (1994), "O processo legislativo e a produção legal no congresso pós-Constituinte". *Novos Estudos Cebrap,* São Paulo, n.38.

Furtado, Celso (1969), "Political obstacles to economic growth". In Veliz, Cláudio (org.), *Obstacles to Change in Latin America*. Londres: Oxford University Press.

Gallagher, Michael (1991), "Proportionality, disproportionality and electoral systems". *Electoral Studies*, 10.

Gosnell, Harold Foote (1969), "Pleasing the constituents". In Pitkin, H.F., *Representation*. Nova York: Atherton Press.

Griffiths, A. Philips (1969), "How can one person represent another?". In Pitkin, H.F., *Representation*. Nova York: Atherton Press.

Grofman, B. et al. (1986), *Electoral Laws and Their Political Consequences*. Nova York: Agathon Press.

Gutmann, Amy (org.) (1988), *Democracy and the Welfare State*. Princeton: Princeton University Press.

Habermas, Julian (1976), *Legitimation Crisis*. Londres: Heinemann.

Hamilton et al. (1979), *O federalista*. São Paulo: Abril Cultural, Col. "Os Pensadores".

Hare, Thomas (1865), *The Election of Representatives*. Londres.

Hayek, F.A. (1982), *Law, Legislation and Liberty*. Londres: Routledge & Kegan Paul.

______ (1976), *The Road to Serfdom*. Londres: Routledge & Kegan Paul.

Held, David (1987), *Models of Democracy*. Stanford: Stanford University Press.

Hobbes, Thomas (1979), *Leviatã*. São Paulo: Abril Cultural, Col. "Os Pensadores".

Huntington, Samuel P. (1968), *Political Order in Changing Societies*. New Haven: Yale University Press.

Jefferson, Thomas (1979), *Escritos políticos*. São Paulo: Abril Cultural, Col. "Os Pensadores".

Lamounier, Bolivar (1991), "Brasil rumo ao parlamentarismo?". In Lamounier et al., *A opção parlamentarista*. São Paulo: Idesp/Sumaré.

Lijphart, Arendt (1994a), *Electoral Systems and Party Systems. A Study of Twenty Seven Democracies, 1945-1990*. Oxford: Oxford University Press.

______ (1994b), "Democracies: forms, performance and constitutional engineering". *European Journal of Political Research,* n.25.

______ (1992), *Parliamentary Versus Presidential Government*. Oxford: Oxford University Press.

______ (1991), "Constitutional forms for new democracies". *Journal of Democracy,* n.2.

______ (1990), "The political consequences of electoral laws". *American Political Science Review*, v.84, n.2.

______ (1989), *Democracias contemporâneas*. Lisboa: Gradiva.

Lijphart, Arend (1977), *Democracy in Plural Societies: a Comparative Exploration*. New Haven: Yale University Press.

Lijphart, Arend et al. (1984), *Choosing an Electoral System: Issues and Alternatives*. Nova York: Praeger Books.

Lima Júnior, Olavo Brasil de (1994), "Mudança constitucional, desempenho do Legislativo e consolidação constitucional". *G.T. Elites políticas. XVIII Encontro da Anpocs*. Caxambu, outubro.

______ (1993a), "Democracia e reforma institucional: liberdade, igualdade e justiça social". *Ensaios*, Belo Horizonte, n.4: UFMG/DCP.

______ (1993b), *Democracia e instituições políticas no Brasil dos anos 80*. São Paulo: Loyola.

______ (1992), "Reforma institucional e aperfeiçoamento dos sistemas eleitoral e partidário". *Agenda de Políticas Públicas*, n.2. Rio de Janeiro: Iuperj.

______ (org.) (1991), *Sistema eleitoral brasileiro*. Rio de Janeiro: Iuperj/ Rio Fundo.

______ et al. (1983a), "Representação eleitoral: conceitos e experiências". *Dados*, Rio de Janeiro, v.26, n.2.

______ (1983b), *Partidos políticos brasileiros: a experiência federal e regional: 1945/1964*. Rio de Janeiro: Graal.

Linz, Juan (1994), "Presidential or parliamentary democracy: does it make a difference?". In Linz, Juan et al (org.), *The Failure of Presidential Democracy*. Baltimore: Johns Hopkins University Press.

Lipset, Seymour Martin (1992), "The centrality of political culture". In Lijphart, Arend (org.), *Parliamentary Versus Presidential Government*. Oxford: Oxford University Press.

Locke, John (1978), *Segundo tratado sobre o governo*. São Paulo: Abril Cultural. Col. "Os Pensadores".

Macpherson, Crawford B. (1977), *The Life and Times of Liberal Democracy*. Oxford: Oxford University Press.

Mainwaring, Scott et al. (1995), "Presidentialism and party systems in Latin America". In *The Challenge of Democracy in Latin America: Rethinking State/Society Relations*. Rio de Janeiro, Ipsa/Iuperj, outubro.

______ (1993), "Presidentialism, multipartism and democracy". *Comparative Political Studies*, v.26, n.2.

Mendes, Candido (org.) (1975), *O Legislativo e a tecnocracia*. Rio de Janeiro: Imago/Candido Mendes.

Mendes Santos, Fabiano Guilherme (1994), *Teoria da decisão legislativa. Microfundamentos do clientelismo político no Brasil*. Rio de Janeiro: Iuperj (tese de doutorado em ciência política).

Merquior, José Guilherme (1990), *Rousseau e Weber: dois estudos sobre a teoria da legitimidade*. Rio de Janeiro: Guanabara.

Merton, Robert K. (1968), "On sociological theories of middle range". In *Social Theory and Social Structure*. Nova York: Free Press.

Miliband, Ralph (1969), *The State in Capitalist Societies*. Londres: Weidenfeld and Nicholson.

Mill, John Stuart (1948), *On Liberty. Considerations on Representative Government*. Oxford: Basil Blackwell, R.B. McCallum.

_____ (1964), "De como a forma idealmente melhor de governo é a representativa". In *Considerações sobre o governo representativo*. São Paulo: Ibrasa.

Montesquieu (1979), *Do espírito das leis*. São Paulo: Abril Cultural, Col. "Os Pensadores".

Nicolau, Jairo Marconi (1995), "Presidentialism, fragmentary multi-party systems and democracy". In *The Challenge of Democracy in Latin America: Rethinking State/Society Relations*. Rio de Janeiro: Ipsa/Iuperj, outubro.

_____ (1994), *O sistema multipartidário brasileiro (1985-1994): um estudo sobre as razões da fragmentação*. Rio de Janeiro: Iuperj (tese de doutorado em ciência política).

_____ (1991), "O sistema eleitoral brasileiro: a questão da proporcionalidade da representação política e seus determinantes". In Lima Júnior (org.), *Sistema eleitoral brasileiro*. Rio de Janeiro: Iuperj/Rio Fundo.

Nozick, R. (1974), *Anarchy, State and Utopia*. Oxford: Basil Blackwell.

Offe, Claus (1984), *Contradictions of the Welfare State*. Londres: Hutchinson.

Pateman, Carole (1970), *Participation and Democratic Theory*. Cambridge: Cambridge University Press.

Pitkin, Hannah F. (1969), "Introduction". In *Representation*. Nova York: Atherton Press.

_____ (1967), "Political representation". In *The Concept of Representation*. California University Press.

Pizzorno, Alessandro (1976), "Introdución al estudio de la participación política". In Pizzorno, M. Kaplan e M. Castells. *Participación y cambio social en la problemática contemporanea*. Buenos Aires: SIAP.

Poulantzas, Nicos (1973), *Political Power and Social Classes*. Londres: New Left Books.

Powell Jr., G. Bingham (1982), *Contemporary Democracies: Participation, Stability and Violence*. Cambridge: Cambridge University Press.

_____ (1992), "Contemporary democracies: participation, stability and violence". In Lijphart, Arend (org.). *Parliamentary Versus Presidential Government*. Oxford: Oxford University Press.

Przeworski, Adam (1993), "Democracy as a contingent outcome of conflicts". In Elster, John e Rune Slagstad. *Constitutionalism and Democracy*. Cambridge: Cambridge University Press.

Rae, Douglas (1967), *The Political Consequences of Electoral Laws*. New Haven: Yale University Press.

Ranney, Austin (1975), "A vulnerabilidade dos legislativos e seu significado para o desenvolvimento político". In Mendes, Candido (org.), *O Legislativo e a tecnocracia*. Rio de Janeiro: Imago/Candido Mendes.

Riggs, Fred W. (1992), "Presidentialism: a problematic regime type". In Lijphart, Arend (org.), *Parliamentary Versus Presidential Government*. Oxford: Oxford University Press.

Rokkan, Stein. (1968), "Electoral systems". In Sills, David (org.). *International Encyclopedia of the Social Sciences*. vols. V e VI. Nova York: Macmillan & Free Press.

Rose, Richard e Guy Peters (1977), *The Political Consequences of Economic Overload*. University of Strathclyde: Center for the Study of Public Policy.

Rousseau, Jean-Jacques (1978), *Do contrato social ou princípios do direito político*. São Paulo: Abril Cultural, Col. "Os Pensadores".

Santos, Wanderley Guilherme dos (1991), "A teoria da democracia proporcional de José de Alencar". In *Dois escritos democráticos de José de Alencar*. Rio de Janeiro: UFRJ.

______ (1987), *Crise e castigo. Partidos e generais na política brasileira*. Rio de Janeiro: Vértice/Iuperj.

______ (1985), "O século de Michels: competição oligopólica, lógica autoritária e transição na América Latina". Rio de Janeiro, *Dados*, vol.28, n.3.

Sartori, Giovanni. (1994), "Neither presidentialism nor parliamentarism". In Linz Juan et al. *The Failure of Presidential Democracy*. Baltimore: Johns Hopkins University Press.

______ (1976a), *Parties and Party Systems*. Cambridge: Cambridge University Press.

______ (1976b), "The influence of electoral systems: faulty laws or faulty method?". In Grofman, B. et al. *Electoral Laws and Their Political Consequences*. Cambridge: Cambridge University Press.

______ (1962), *Democratic Theory*. Wayne State University.

Schmitter, Philippe (1974), "Still the century of corporatism?". *Review of Political Studies,* vol.36. n.1.

Shugart, Matthew et al. (1992), *Presidents and Assemblies. Constitutional Design and Electoral Dynamics*. Cambridge: Cambridge University Press.

Schumpeter, Joseph (1976), *Capitalism, Socialism and Democracy*. Londres: Allen and Unwin. Trad. bras., *Capitalismo, socialismo e democracia*. Rio de Janeiro: Zahar, 1983.

Sills, David (org.) (1968), *International Encyclopedia of Social Sciences*. Nova York: n. V e VI, Macmillan & Free Press.

Stepan, Alfred et al. (1994), "Presidentialism and parliamentarism in comparative perspective". In Linz, Juan et al., *The Failure of Presidential Democracy*. Baltimore: Johns Hopkins University Press.

Sterne, Simon (1969), "Proportional representation". In Pitkin, *Representation*. Nova York: Atherton Press.

Taagepera, Rein et al. (1989), *Seats and Votes*. New Haven: Yale University Press.

Tavares, José Giusti (1994), *Sistemas eleitorais nas democracias contemporâneas. Teoria, instituições, estratégia*. Rio de Janeiro: Relume-Dumará.

______ (1993), *Os sistemas eleitorais na perspectiva comparada: teoria, instituições, estratégia*. Rio de Janeiro: Iuperj (tese de doutorado em ciência política).

Thompson, Dennis F. (1988), "Representation in the welfare state". In Gutmann, Amy (org.), *Democracy and the Welfare State*. Princeton: Princeton University Press.

Tocqueville, Alexis de (1977), *A democracia na América*. São Paulo: Itatiaia/ EDUSP.

Veliz, Cláudio (org.) (1969), *Obstacles to Change in Latin America*, Londres: Oxford University Press.

Weaver, Kent et al. (1993), *Do Institutions Matter? Government Capabilities in the U.S.A. and Abroad*. Washington: Brookings Institution.

Weber, Max (1980), "Parlamentarismo e governo numa Alemanha reconstruída". São Paulo: Abril Cultural, Col. "Os Pensadores".

_____ (1978), *Economy and Society*. University of California Press.

_____ (1973), "A política como vocação?". In *O político e o cientista*. Lisboa: Editorial Presença.

Este livro foi composto pela TopTextos Edições Gráficas, em Times New Roman, e impresso por Tavares e Tristão Ltda., em agosto de 1997.